上海市工程建设规范

城市道路平面交叉口规划与设计标准

Design standard for at-grade intersections on urban street

DG/TJ 08—96—2022
J 10099—2022

主编单位：同济大学
　　　　　上海市公安局交通警察总队
　　　　　上海市道路运输事业发展中心
批准部门：上海市住房和城乡建设管理委员会
施行日期：2022年12月1日

同济大学出版社

2023　上海

图书在版编目(CIP)数据

城市道路平面交叉口规划与设计标准/同济大学，上海市公安局交通警察总队，上海市道路运输事业发展中心主编. —上海：同济大学出版社，2023.12
　　ISBN 978-7-5765-0976-2

Ⅰ.①城… Ⅱ.①同…②上…③上… Ⅲ.①城市道路—交叉路口—设计—标准 Ⅳ.①U412.35-65

中国国家版本馆CIP数据核字(2023)第220186号

城市道路平面交叉口规划与设计标准

同济大学
上海市公安局交通警察总队　　主编
上海市道路运输事业发展中心

责任编辑	朱　勇
责任校对	徐春莲
封面设计	陈益平
出版发行	同济大学出版社　www.tongjipress.com.cn
	(地址：上海市四平路1239号　邮编：200092　电话：021-65985622)
经　　销	全国各地新华书店
印　　刷	浦江求真印务有限公司
开　　本	889mm×1194mm　1/32
印　　张	7.75
字　　数	194 000
版　　次	2023年12月第1版
版　　次	2023年12月第1次印刷
书　　号	ISBN 978-7-5765-0976-2
定　　价	80.00元

本书若有印装质量问题，请向本社发行部调换　　版权所有　侵权必究

上海市住房和城乡建设管理委员会文件

沪建标定〔2022〕332 号

上海市住房和城乡建设管理委员会 关于批准《城市道路平面交叉口规划与设计标准》 为上海市工程建设规范的通知

各有关单位：

由同济大学、上海市公安局交通警察总队和上海市道路运输事业发展中心主编的《城市道路平面交叉口规划与设计标准》，经我委审核，现批准为上海市工程建设规范，统一编号为 DG/TJ 08—96—2022，自 2022 年 12 月 1 日起实施。原《城市道路平面交叉口规划与设计规程》DGJ 08—96—2013 同时废止。

本标准由上海市住房和城乡建设管理委员会负责管理，同济大学负责解释。

上海市住房和城乡建设管理委员会
2022 年 7 月 20 日

前　言

本标准是根据上海市住房和城乡建设管理委员会《关于印发〈2018年上海市工程建设规范、建筑标准设计编制计划〉的通知》(沪建管〔2017〕898号)的要求，由同济大学、上海市公安局交通警察总队、上海市道路运输事业发展中心会同有关单位在《城市道路平面交叉口规划与设计规程》DGJ 08—96—2013 基础上修编完成的。

在修编过程中，编制组广泛参考相关文献及资料，结合新编制的国家标准《无障碍设计规范》GB 50763、《道路交通信号灯设置与安装规范》GB 14886，及现行上海市工程建设规范《建筑工程交通设计及停车库(场)设置标准》DG/TJ 08—7、《出租汽车站点设置规范》DG/TJ 08—2108，借鉴国内外道路平面交叉口规划设计的先进技术，吸收上海市及其他城市实践经验等，并充分结合上海城市交通与道路平面交叉口的特点，对新建、改建及综合治理型道路平面交叉口的规划与设计等内容进行了整合修订。

随着近年来城市交通系统功能定位发生变化，交通系统的规划设计理念也需要调整。城市道路平面交叉口作为交通系统的重要组成部分，其规划设计目标及相关技术方法也在逐渐变化。本次标准修编，便是为适应交通系统功能定位的重新调整。本次修订主要体现了以下规划和设计理念的改变：①服务对象从以往重点关注机动车交通，转向同时关注非机动车与慢行交通；②将以往道路的功能定位细化拓展为街道类型，即同时关注道路的交通功能和非交通功能；③强调安全、绿色、智慧、友好的设计理念。

本次修订的主要内容包括：在整体结构上，按照平面交叉口规划、平面交叉口交通组织、平面交叉口设计、平面交叉口交通管理设施及附属设施设计、平面交叉口交通信号配时设计，以及平面交叉口效益评价的思路，重新划分了章节并进行改写。涉及的内容包括：平面交叉口规划方面，增加了密路网条件下规划红线的相关规定，修订了行人及非机动车过街设施规划的条文；平面交叉口设计方面，更新了平面交叉口布局设计、平面交叉口标志标线设计、平面交叉口附近快速路进出口设计等内容，增加了平面交叉口非交通功能设计的内容；"平面交叉口交通效益评价"一章更名为"平面交叉口效益评价"，增加了交叉口非交通效益评价的内容。

修订后的标准内容包括：总则；术语和符号；一般规定；平面交叉口规划；平面交叉口交通组织；平面交叉口设计；平面交叉口交通管理设施及附属设施设计；平面交叉口交通信号配时设计；平面交叉口效益评价；附录A—P。

各单位及相关人员在执行本标准过程中，如有意见和建议，请反馈至上海市交通委员会（地址：上海市世博村路300号1号楼；邮编：200125；E-mail：shjtbiaozhun@126.com），同济大学（地址：上海市曹安公路4800号；邮编：201804；E-mail：baiyu@tongji.edu.cn），上海市建筑建材业市场管理总站（地址：上海市小木桥路683号；邮编：200032；E-mail：shgcbz@163.com），以便今后修订时参考。

主 编 单 位：	同济大学
	上海市公安局交通警察总队
	上海市道路运输事业发展中心
参 编 单 位：	上海市城市建设设计研究总院（集团）有限公司
	上海市城市规划设计研究院
	上海济安交通工程咨询有限公司
主要起草人：	杨晓光　白　玉　周小鹏　刘伟杰　汪　涛
	肖　滨　王宝辉　李　青　冯　奇　易伟忠
	朱伟刚　徐海滨　许俭俭　郎益顺　刘　芳

　　　　　　　王维凤　殷　俊　涂彭越　张　羽　孙　伟
　　　　　　　李　翔　毕浩楠
主要审查人:董明峰　钱寅泉　李朝阳　蔡逸峰　韩　印
　　　　　　　徐一峰　张　宇

上海市建筑建材业市场管理总站

目 次

1 总 则 ··· 1
2 术语和符号 ·· 2
  2.1 平面交叉口部分术语 ······································ 2
  2.2 交通信号配时部分术语 ··································· 7
  2.3 符 号 ·· 8
3 一般规定 ·· 15
4 平面交叉口规划 ··· 17
  4.1 一般规定 ··· 17
  4.2 平面交叉口分类及选型 ··································· 17
  4.3 平面交叉口规划红线 ······································ 19
  4.4 平面交叉口规划指标 ······································ 23
  4.5 规划地块机动车出入口设置 ······························ 24
  4.6 行人及非机动车过街设施规划 ··························· 25
  4.7 公共汽(电)车交通设施规划 ······························ 28
  4.8 环形交叉口规划 ·· 29
  4.9 短间距交叉口规划 ··· 30
  4.10 平面交叉口附近快速路出入口的规划布局 ·········· 31
5 平面交叉口交通组织 ·· 33
  5.1 一般规定 ··· 33
  5.2 信号控制交叉口交通组织 ································ 33
  5.3 无信号控制交叉口交通组织 ······························ 34
  5.4 环形交叉口交通组织 ······································ 35
6 平面交叉口设计 ··· 37

6.1	一般规定	37
6.2	平面交叉口布局设计	38
6.3	进出口道设计	39
6.4	信号控制交叉口设计	44
6.5	无信号控制交叉口设计	45
6.6	交叉口内部空间渠化设计及交通岛设置	46
6.7	公共汽(电)车专用进出口道设计	49
6.8	公交中途站与出租车候车站设计	55
6.9	行人及非机动车过街设计	59
6.10	平面交叉口标线与标志设计	64
6.11	短间距交叉口协调设计	69
6.12	平面交叉口竖向设计	70
6.13	平面交叉口附近公共交通出入口设计	71
6.14	平面交叉口交通安全设计	71
6.15	平面交叉口无障碍设计	72
6.16	平面交叉口附近快速路进出口设计	73
6.17	平面交叉口静稳化设计	73
7 平面交叉口交通管理设施及附属设施设计		75
7.1	一般规定	75
7.2	交通管理设施设计	75
7.3	道路交叉口绿化及附属设施设计	77
8 平面交叉口交通信号配时设计		79
8.1	定时交通信号配时设计的内容与程序	79
8.2	定时交通信号配时设计的时段划分	81
8.3	定时交通信号配时设计的设计交通量	81
8.4	交通信号相位设定	82
8.5	信号周期时长	84
8.6	信号配时及绿信比	85

8.7　最短绿灯时间 ···································· 85
　　8.8　服务水平评估 ···································· 86
　　8.9　信号配时图 ······································ 86
　　8.10　有轨电车通行的交叉口信号配时 ············ 87
9　平面交叉口效益评价 ································· 90
　　9.1　平面交叉口效益评价方法 ····················· 90
　　9.2　无信号交叉口服务水平 ························ 90
　　9.3　信号交叉口服务水平 ··························· 91
　　9.4　交叉口安全评价 ································ 92
　　9.5　交叉口舒适性评价 ····························· 93
附录A　交叉口设计基本参数汇总表 ················· 95
附录B　信号交叉口通行能力与饱和流量 ············ 97
附录C　让行标志交叉口通行能力 ··················· 108
附录D　交叉口延误计算方法 ························ 112
附录E　信号控制交叉口饱和度计算方法 ··········· 117
附录F　饱和流率(附起动损失时间)现场观测方法 ··· 118
附录G　交叉口处人行横道通行能力 ················ 121
附录H　交通信号配时设计计算表 ··················· 126
附录J　饱和流量校正系数表 ························· 128
附录K　饱和流量与通行能力计算表 ················ 130
附录L　延误及服务水平估算表 ······················ 132
附录M　行人与非机动车过街设施附图 ············· 134
附录N　公共交通设施附图 ·························· 138
附录P　平面交叉口安全度计算方法 ················ 139
本标准用词说明 ·· 140
引用标准名录 ··· 141
标准上一版编制单位及人员信息 ····················· 142
条文说明 ·· 143

Contents

1 General provisions ·· 1
2 Terms and symbols ·· 2
   2.1 Terms for intersection ································ 2
   2.2 Terms for signal timing ································ 7
   2.3 Symbols ··· 8
3 Basic requirements ·· 15
4 At-grade intersection planning ······························ 17
   4.1 General requirements ·· 17
   4.2 Classification and type selection of intersections ··· 17
   4.3 Planning red line of intersections ·························· 19
   4.4 Planning indices of intersections ·························· 23
   4.5 Planning access of blocks ······································ 24
   4.6 Planning of crossing facilities for pedestrians and non-motorized vehicles ·· 25
   4.7 Planning of bus (trolley) facilities ························ 28
   4.8 Roundabout planning ·· 29
   4.9 Short distance intersections planning ·················· 30
   4.10 Planning and layout of urban expressway ramps around the at-grade intersections ·························· 31
5 Traffic organization of intersection ·························· 33
   5.1 General requirements ·· 33
   5.2 Traffic organization of signalized intersection ······ 33

	5.3 Traffic organization of unsignalized intersection	34
	5.4 Traffic organization of roundabout	35
6	Intersection design	37
	6.1 General requirements	37
	6.2 Layout of intersection	38
	6.3 Design of approaches	39
	6.4 Design of signalized intersection	44
	6.5 Design of unsignalized intersection	45
	6.6 Channelization and design of traffic island of intersection	46
	6.7 Design of exclusive bus (trolley) lane at intersection	49
	6.8 Design of bus station and taxi rank	55
	6.9 Design of crosswalk for pedestrians and non-motorized vehicles	59
	6.10 Layout of traffic markings and signs	64
	6.11 Coordination design of short distance intersection	69
	6.12 Vertical design of intersection	70
	6.13 Design of public transit entrances near the intersections	71
	6.14 Traffic safety design of intersection	71
	6.15 Barrier-free design of intersection	72
	6.16 Design of expressway ramps near the intersection	73
	6.17 Traffic calming design of intersection	73
7	Design of traffic control facilities and subsidiary facilities	75

7.1	General requirements	75
7.2	Design of traffic management facilities	75
7.3	Design of subsidiary facilities and road greening	77

8 Design of traffic signal plan 79
    8.1 Contents and flowchart for fixed-time traffic signal plan design 79
    8.2 Stages for fixed-time traffic signal plan design 81
    8.3 Design traffic volume for fixed-time traffic signal plan 81
    8.4 Signal phases design 82
    8.5 Cycle length 84
    8.6 Signal timing and green split 85
    8.7 Minimum green time 85
    8.8 Evaluation of level of service 86
    8.9 Signal plan diagram 86
    8.10 Signal design for intersections with trams passing through 87

9 Performance evaluation of intersection 90
    9.1 Evaluation methods for performance of intersection 90
    9.2 Level of service of unsignalized intersection 90
    9.3 Level of service of signalized intersection 91
    9.4 Security evaluation of intersection 92
    9.5 Comfort evaluation of intersection 93

Appendix A   Summary of basic parameters 95
Appendix B   Capacity and saturation flow of signalized intersection 97
Appendix C   Capacity of yield sign intersection 108

Appendix D Methods for calculating intersection delay ·············· 112

Appendix E Method for calculating degree of saturation of signalized intersection ······················· 117

Appendix F Methods for field observating of saturation flow rate (with time-loss of starting) ·········· 118

Appendix G Capacity of pedestrain crosswalk at intersection ································ 121

Appendix H Table for signal plan design ····················· 126

Appendix J Table for adjusting coefficients of saturation flow ·· 128

Appendix K Table for calculation of saturation flow and capacity ··· 130

Appendix L Table for estimation of delay and level of service ·· 132

Appendix M Layout of pedestrian and bicycle crossing facilities at intersection ························ 134

Appendix N Layout of public transit facilities ··············· 138

Appendix P Method for intersection security evaluation ································· 139

Explanation of wording in this standard ······················ 140

List of quoted standards ··· 141

Standard-setting units and personnel of the previous version ·· 142

Explanation of provisions ······································· 143

1 总　则

1.0.1 为科学、合理地规划和设计城市道路平面交叉口，使之达到技术先进、安全高效、经济适用的目的，特制定本标准。

1.0.2 本标准适用于城市新建与改建道路平面交叉口的规划、设计和原有道路平面交叉口的治理设计。

　　1 新建道路平面交叉口的规划和设计必须按照本标准的规定执行。

　　2 改建平面交叉口的规划和设计，应符合本标准规定的基本要求。

　　3 改善原有平面交叉口、进行综合治理设计，受具体条件限制，个别标准达不到本标准规定时，经技术经济分析，可作合理调整。

1.0.3 平面交叉口应按照城市规划确定的相交道路、类别等进行规划与设计；城市道路平面交叉口规划和设计方案应综合考虑各种交通流量和流向的交通需求、交通环境、交通组织、用地面积与投资水平等技术、经济因素。

1.0.4 平面交叉口的规划和设计，除应符合本标准外，尚应符合国家、行业和本市现行有关标准的规定。

2 术语和符号

2.1 平面交叉口部分术语

2.1.1 平面交叉口规划与设计范围及各要素名称(图 2.1.1-1、图 2.1.1-2)。

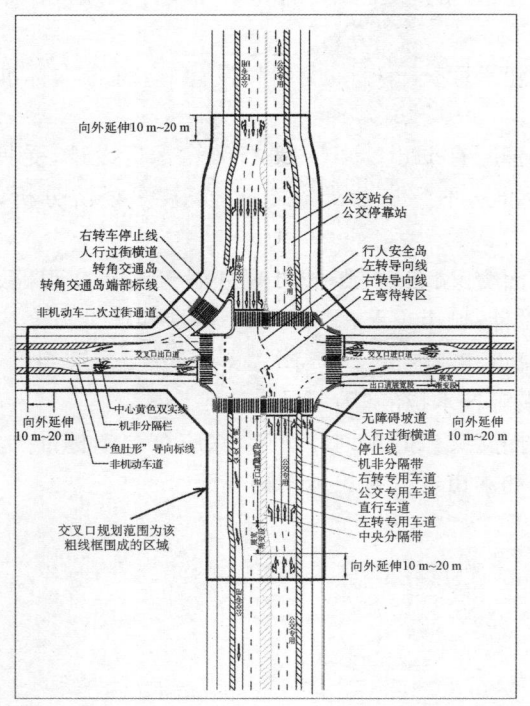

图 2.1.1-1 平面交叉口规划设计范围及各设计要素示例
注:本图为设计要素汇总示例,不能作为实际设计方案参考。

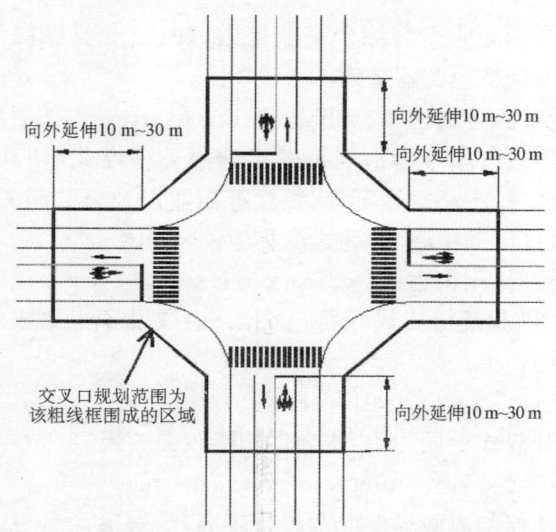

图 2.1.1-2 进出口道无展宽的平面交叉口规划与设计范围

2.1.2 交通功能 traffic function

交通设施在交通系统中所承担的作用,以及对出行者所能提供的交通服务。

2.1.3 非交通功能 non-traffic function

交通设施所承担的"为居民日常活动提供空间"的功能,如休憩、散步、沟通社交等。

2.1.4 公共通道 public access

区域内部为行人与非机动车提供优先通行服务,并使区域内到发或进出车辆能与主、次干路和支路相连通,具服务功能,兼具以"达"为主的公共道路空间。以服务周边居民日常生活、出行为主要功能。

2.1.5 商业街道 commerce service street

街道沿线以中小规模零售、餐饮等商业为主,具有一定服务能级或业态特色的街道。其中,服务范围是地区及以上规模、业态较为综合的商业街为综合商业街道,餐饮、专业零售等单一业态的商业街为特色商业街道。

2.1.6 生活服务街道 livelihood service street

街道沿线以服务本地居民的生活服务型商业(便利店、理发店、干洗店等)、中小规模零售、餐饮等商业以及公共服务设施(社区诊所、社区活动中心等)为主的街道。

2.1.7 景观休闲街道 landscape-relaxing service street

滨水、景观及历史风貌特色突出、沿线设置集中成规模休闲活动设施的街道。

2.1.8 交通性街道 traffic service street

以非开放式界面为主,交通性功能较强的街道。

2.1.9 综合性街道 integrated service street

街道功能与界面类型混杂程度较高,或兼有两种以上类型特征的街道。

2.1.10 交通组织 traffic organization

交通组织是为提高道路交通运输效率和确保道路交通安全所采取的各种措施的总和,包含宏观的道路系统整体交通组织和微观的交叉口交通组织两个层面的含义。宏观层面的交通组织指的是在一定范围内,规定各类道路上各种交通方式在空间与时间上的协调关系、使各种交通方式在道路系统中能有序通行的交通运行方案;微观层面的交通组织是指在交叉口可通行的空间与时间范围内,安排组织从各方面汇集到交叉口的各种交通流有序地向各个方向疏散,以保障人流和车流安全、高效地通过交叉口的交通运行方案。

2.1.11 渠化设计 channelization design

以消除平面交叉口各向交通流间的相互干扰、使交通流顺畅和安全为目的,运用标线、标志或实体设施对交通流按流向作分流和导向设计,设计内容包括车道功能划分、导向标线或导向岛等。

2.1.12 交通静稳化设计　traffic calming

利用物理设施(道路设施)与管理措施,对机动车行车速度和交通量进行控制,减少道路交通对附近居民生活的负面影响。

2.1.13 快速公共交通　bus rapid transit (BRT)

运用大容量公共交通车辆和先进控制与运营管理系统,在专用车道上运行,具有运量大、运行速度快等特性的公共交通方式。

2.1.14 中运量公共交通　medium-capacity transit

介于地铁和常规公交之间,运能为0.5万～3万人次/小时的公共交通方式,主要包括现代有轨电车、快速公交和中低速磁浮等交通方式。

2.1.15 信号控制交叉口　signalized intersection

用交通信号灯组织指挥冲突交通流运行次序的平面交叉口。

2.1.16 无信号控制交叉口　unsignalized intersection

不用交通信号灯,而用交通标志、标线或仅根据道路交通安全法中对通行权的规定,组织相冲突交通流运行次序的平面交叉口。

2.1.17 减速让行标志交叉口　yield sign intersection

用减速让行标志来组织分配冲突交通流的通行权,规定相对次要道路车辆在进入交叉口前必须减速、让主要道路车辆先行,确认安全后方可通行的交叉口。

2.1.18 停车让行标志交叉口　stop sign intersection

用停车让行标志来组织分配冲突交通流的通行权,规定相对次要道路车辆在进入交叉口前必须停车瞭望,确认安全后方可通行的交叉口。

2.1.19 全无管制交叉口　uncontrolled intersection

没有任何管制措施,各流向的交通流按道路交通安全法规定的先后通行次序通行的平面交叉口。

2.1.20 进口道　approach

平面交叉口上,车辆从上游路段驶入交叉口的一段车行道。

2.1.21 出口道 exit

平面交叉口上,车辆从交叉口驶入下游路段的一段车行道。

2.1.22 交通岛 traffic island

为渠化、分隔交通流和提供行人、非机动车过街驻足而设置在路面上的各种岛状设施。一般用混凝土围砌成高出路面的构筑物,也可用标线在路面上画出岛状空间。按其功能可区分为导向岛、分隔岛和安全岛等。

2.1.23 多杆合一 intergrated marked post

在条件允许的情况下,将交通信号灯杆、道路标志杆等市政设施进行整合,合并到一个或少数设施杆上。

2.1.24 高峰小时周期平均到达交通量 average arriving volume per cycle during the peak hour

早高峰小时或晚高峰小时内,所有信号周期到达车辆数的平均值。

2.1.25 公交车辆到站频率 frequency of bus arriving at stop

单位时间内公共汽(电)车到达车站的平均车辆数,是确定公交车站站台长度和线路容量的参数,一般可选用公交高峰时段(15 min)的到站频率进行设计。

2.1.26 非机动车左转二次过街 left-turn bicycle crossing intersection in two stages

非机动车左转车辆,由进口道流入交叉口后,在靠近对向进口道人行横道及右侧相邻道路非机动车进口道前方适当位置等候,待相邻进口道非机动车获得通行权时再通过交叉口的通行方式,有利于提高交叉口的交通安全性和秩序。

2.1.27 行人-非机动车一体化通行 pedestrian and bicycle integration

在交叉口范围内,行人与非机动车采用相同的过街组织方式,且人行道与非机动车道的标高相同。

2.1.28 基本饱和流量 basic saturation flow

理想条件下,一条进口车道上单位绿灯时间内所能通过的汽车车辆数,一般以 pcu/h 为单位;或单位宽度上单位绿灯时间内所能通过的非机动车车辆数,一般以辆/(m·h)为单位;或单位宽度上单位绿灯时间内所能通过的人数,一般以人/(m·h)为单位。

2.1.29 规划(设计)饱和流量 planning (design) saturation flow

基本饱和流量经各种影响因素修正后的饱和流量。

2.1.30 慢行交通 non-motorized traffic

非机动车、步行等交通方式的合称。

2.1.31 有效宽度 effective width

人行道实际可供行人利用的宽度。有效宽度等于人行道设计宽度减去路缘带、绿化带等设施占用的宽度及相对应的缓冲宽度,以及人行道边缘的建筑物边线的缓冲宽度。

2.2 交通信号配时部分术语

2.2.1 信号周期 cycle

交通信号灯各灯色显示的一个完整过程。

2.2.2 信号周期时长 length of cycle

信号完成一个周期所需的时间,以秒为单位。

2.2.3 信号相位 signal phase

交通信号轮流给各方向的车辆或非机动车或行人分配通行权的信号显示。

2.2.4 绿灯间隔时间 green interval

上一信号相位绿灯结束到下一信号相位绿灯启亮之间的时间间隔,以秒为单位。

2.2.5 信号损失时间 lost time

未能供交通流通行使用的时间,以秒为单位。

2.2.6 红、绿灯时长 red time, green time

红、绿灯启亮持续的时间。

2.2.7 有效绿灯时长 effective green time

在给定相位中,获得通行权的车辆或非机动车或行人能够有效通行的时间。

2.2.8 绿信比 split

有效绿灯时长与周期时长之比。

2.2.9 有效红灯时长 effective red time

有效禁止交通流通行的持续时间。

2.2.10 流量比 flow ratio

信号配时设计交通量与规划(设计)饱和流率之比。

2.2.11 总流量比 total flow ratio

组成周期的全部信号相位的各个最大流量比之和。

2.3 符 号

A——黄灯时长;

B——非机动车流量;

b——人行横道长度;

b_1——前后行人间距;

b_L——绿初左转非机动车数;

b_T——直行非机动车每周期平均交通量;

b_{TS}——红灯期到达停在停车线前排队的直行非机动车的交通量;

b_{TD}——绿灯期到达接在排队非机动车后直接连续驶出停车线的直行非机动车交通量;

C——信号周期时长或最小信号周期时长;

C_0——最佳周期时长;

CAP——通行能力;

CAP_i——第 i 条进口车道的通行能力或第 i 类车道组通行能力；
CAP_L——左转专用车道通行能力；
CAP_{LR}——左右合用车道通行能力；
CAP_R——右转专用车道通行能力；
CAP_T——直行车道通行能力；
CAP_{TL}——直左合用车道通行能力；
CAP_{TLR}——直左右合用车道通行能力；
CAP_{TR}——直右合用车道通行能力；
CAP_g——低优先级车流的基本通行能力；
d——每车平均控制延误；
d_A——进口道 A 的平均信控延误；
d_i——进口道 A 中第 i 条车道的平均信控延误；
d_I——交叉口每车的平均信控延误；
d_1——均匀延误；
d_2——随机到达附加延误；
d_3——初始排队附加延误；
d_s——饱和延误；
d_u——不饱和延误；
e——单个交叉口信号控制类型校正系数；
f_a——绿灯期车流到达率校正系数；
f_b——非机动车影响校正系数；
f_L——左转校正系数；
f_g——坡度及大车校正系数；
f_{LR}——左右合流校正系数；
f_p——行人影响校正系数；
f_{pb}——行人或非机动车影响校正系数；
f_r——转弯半径校正系数；
f_S——短车道相邻车道校正系数；
f_{TL}——直左合流校正系数；

f_{TR}——直右合流校正系数；
f_W——车道宽度校正系数；
f_x——专用车道短车道校正系数；
G——道路纵坡坡度；
G_e——每周期的总有效绿灯时间；
g_e——有效绿灯时长；
g_{ej}——第 j 相位的有效绿灯时间；
g_j——第 j 相位的实际显示绿灯时间；
g_{min}——最短绿灯时间；
g_p——过街行人消耗绿灯时间；
HV——大车率；
h_d——驶离车头时距；
i——进口道的各条车道；
I——绿灯间隔时间；
I_0——交叉口的交通关联度指数；
j——一个周期内的相位数；
k——一个周期内的绿灯间隔数；
K_L——合用车道中的左转系数；
K_R——合用车道中的右转系数；
l——行人损失时间；
l_a——行人与右转车辆间最小安全距离；
l_b——公共汽(电)车车辆长度；
L_d——进口道展宽渐变段长度；
l'_d——出口道展宽渐变段长度；
l_j——第 j 相位起动损失时间；
l_s——进口道展宽段长度或小型车的长度；
l_v——换算车辆长度；
l_m——港湾式公交停靠站长度或中型车长度；
L——信号总损失时间；

L_a——进口道长度；

L_b——站台长度；

L_p——行人过街横道长度；

L_{pcu}——排队中一辆小轿车的平均占位长度；

L_q——进口道实际可供待行排队长度；

L_r——要求排队长度；

L_s——起动损失时间；

m——周期内到达行人均值；

N——高峰15 min每一信号周期的左/右转车的平均排队车辆数；

n——公交中途站同时停靠公交车辆数或路段单向车道数；

P——绿灯期到达车辆占整周到达量之比；

p_f——右转绿灯时间中，因过街行人干扰，右转车降低率；

$(PHF)_{mn}$——配时时段中，进口道m、流向n的高峰小时系数；

q_A——进口道A高峰15 min交通流率；

q_d——设计交通量；

$q_{d_{mn}}$——配时时段中，进口道m、流向n的设计交通量；

q_H——高优先级车流交通量；

q_i——进口道A中第i条车道的小时交通量换算为其中高峰15 min的交通流率；

q_L——合用车道中左转车交通量；

q_{pm}——受对向行人干扰后人的行人最大通过量；

q_{pp}——人行横道每米宽度的实际通行能力；

q_{pT}——一条人行横道理论通行能力；

q_R——合用车道中右转交通量；

q_T——合用车道中直行车交通量；

q'_L——合用车道中的左转当量；

q_{T0}——对向直行车流量；

q'_T ——合用车道中的直行当量；
Q ——高峰小时交通量；
Q_b ——分析期初始积余车辆数；
Q_{br} ——通过人行横道的右转非机动车交通量；
Q_{mn} ——配时时段中，进口道 m、流向 n 的高峰小时交通量；
$Q_{15\,mn}$ ——配时时段中，进口道 m、流向 n 的高峰小时中最高 15 min 的流率；
Q_r ——通过人行横道的右转车交通量；
r ——转弯半径或进口道展宽系数；
R ——红灯时间或二次停车率；
R_p ——车流成队率；
S_{bi} ——第 i 条进口车道的基本饱和流量；
S_{bL} ——左转专用车道有专用相位时的基本饱和流量；
S_{bR} ——右转专用车道基本饱和流量；
S_{bT} ——直行车道基本饱和流量；
S_d ——设计饱和流量；
S_f ——经各类校正后的饱和流量；
S_i ——第 i 条进口车道的饱和流量；
S_L ——有左转专用相位时的饱和流量；
S_{LR} ——左右合用车道饱和流量；
S'_L ——无左转专用相位时的饱和流量；
S_R ——有右转专用相位时的饱和流量；
S'_R ——无右转专用相位时的饱和流量；
S_T ——直行车道饱和流量；
S_{TL} ——直左合用车道饱和流量；
S_{TR} ——直右合用车道饱和流量；
S_{TS} ——红灯期到达排队非机动车绿初驶出停车线的饱和流量；
S_{TD} ——绿灯期到达直接驶出停车线非机动车的饱和流量；

s^2——周期到达行人数的方差；

T——分析时段的持续时长；

t——制动反应时间；

t_b——两辆右转非机动车同时驶过人行横道的时间；

t_r——一辆右转车占用一条人行道的时间；

t_s——车辆制动时间或服务时间；

t_T——直行非机动车绿初驶出停车线所占用的时间；

t_u——在 T 中积余车辆的持续时间；

Δt_0——临界空档；

Δt_f——低优先级车流平均跟驶穿越空档；

u_a——车辆在进口道上的行驶车速；

V_i——第 i 类车道组校正交通量；

V_p——行人过街步速；

V_r——右转车辆通过人行横道时的车速；

v_x——流向 x 的交通流率；

W——车道宽度；

W_b——非机动车道宽度；

W_0——右转专用车道加宽后的宽度；

Δw——展宽车道横向偏移量；

x——饱和度或利用程度；

X_c——交叉口关键饱和度；

X_i——车道组 i 的饱和度；

y——流量比；

y_j——第 j 相位的流量比；

Y——组成周期的全部信号相位的各个最大流量比 y 值之和；

z——停车线到冲突点的距离；

α——车辆干扰行人折减系数；

α_1——右转机动车折减系数；

α_2——右转非机动车折减系数;
β——行人不均到达折减系数;
β_b——非机动车左转率;
γ——对向行人干扰折减系数;
η——使用专用车道的车辆比率;
ξ——对向直行车道数的影响系数;
λ——绿信比;
λ_i——第 i 条进口车道所属信号相位的绿信比;
λ_j——第 j 相位的绿信比。

3 一般规定

3.0.1 平面交叉口应按远景20年交通需求一次性规划,并根据该交叉口所处地理位置、土地取得条件以及该交叉口属新建、改建还是治理等条件,一次实施规划或分步实施规划。交叉口设计年限应与城市道路的设计年限一致。组成交叉口的各条道路等级不同时,以等级较高道路的设计年限为准。

3.0.2 城市道路平面交叉口规划与设计必须贯彻以人为本和因地制宜的宗旨,遵循保障安全、保护环境、节约土地资源的原则。

3.0.3 城市道路平面交叉口的规划和设计应执行"公交优先"的方针,改善公共汽(电)车的站点设置,方便乘客换乘,并减少其对交叉口通行能力的影响。

3.0.4 城市道路平面交叉口的规划和设计应体现"倡导绿色出行,重视慢行交通"的原则,保障行人和非机动车的安全与通行便利,妥善处理机动车和慢行交通的冲突,减少其相互干扰。

3.0.5 城市道路平面交叉口应按照城市规划确定的相交道路类别与街道功能定位进行规划与设计,并应综合考虑机动车、非机动车、行人等所有交通对象的交通出行需求、交通环境、交通组织、用地面积与投资水平等技术经济因素。

3.0.6 城市道路平面交叉口应妥善考虑无障碍设计,以保证行动不便者的出行服务需求。

3.0.7 平面交叉口规划和设计,在保障行人等候及通行空间的前提下,宜使进口道通行能力与其上游路段及出口道通行能力相匹配,出口道通行能力与其下游路段通行能力相匹配,并注意与相邻交叉口之间的控制协调。

3.0.8 新建平面交叉口进口道车道及渠化设计应根据其各流向

流量及相交道路类别确定进口道车道数、划分车道功能,并做渠化设计。

3.0.9 改建平面交叉口的设计,应在分析现状交通问题的基础上,按远景交通需求做出改建方案,并宜把畸形交叉口改为正规交叉口。

3.0.10 治理平面交叉口的设计,应在原交叉口的平面布局和现状交通流量的基础上,调整交叉口的渠化设计、信号灯的配时和相位以及其他交通设施,以改善交叉口的安全性,并提高通行效率。

3.0.11 平面交叉口几何设计必须与其控制类型、信号方案及交通标志、标线等管理设施设计同步进行;对于信号控制交叉口,应给出信号相位、相序基本方案。

3.0.12 新建、改建平面交叉口渠化与交通信号配时设计,应根据预测通行时的交通需求先做一试行方案,在试用阶段做定期"跟踪"观察后,再根据各进口道实际的流向、流量调整设计,确定适用方案。

3.0.13 道路平均间距小于 200 m 的路网区域应结合实际交通需求与道路功能定位进行区域交通组织设计,区域内的交叉口也应配套区域交通组织设计进行相应的渠化设计、信号配时和协调控制等。

3.0.14 平面交叉口范围内的平面与竖向线形应平缓,满足交通安全、通畅行驶的要求,并应协调地下管线与地上设施。

3.0.15 平面交叉口规划、交通设计基本流程应分为准备工作阶段、方案设计阶段、详细设计阶段、跟踪改善设计阶段。

3.0.16 新建平面交叉口规划和设计基本参数包括道路等级、街道功能、红线宽度、设计速度、车道数、非机动车和人行道宽度等,可按本标准附录 A 表 A.0.1 要求的内容进行调查。

3.0.17 改建平面交叉口规划和设计基本参数包括分流向、车种及慢行交通的小时交通量、交通事故状况、道路现状、公交设施分布等,可按本标准附录 A 表 A.0.2 要求的内容进行调查。

4 平面交叉口规划

4.1 一般规定

4.1.1 主干路沿线的平面交叉口间距不宜小于 500 m，次干路沿线的平面交叉口间距不宜小于 300 m。路网系统规划形成的短间距交叉口，应整体进行交通管理与控制。

4.1.2 新建道路交通网规划中，干路交叉口不应出现超过 4 条进口道的多路交叉口、错位交叉口、畸形交叉口，相交道路的交角不宜小于 70°，地形条件特殊困难时，不应小于 45°。

4.1.3 平面交叉口规划应避免异形交叉和多路交叉，因特殊条件难以避免时，应开展交通组织和工程方案优化研究。

4.1.4 平面交叉口规划范围应包括构成该平面交叉口各条道路的相交部分和进口道、出口道及其向外延伸 10 m～30 m 的路段所共同围成的空间。规划范围可根据所需交通设施及交通组织方案的要求适当扩大。

4.1.5 平面交叉口规划设计中，应对交叉口规划范围内道路及相交道路的进口道、出口道各组成部分作整体规划，并考虑慢行交通设施及无障碍交通设施的连续性。

4.1.6 道路专项规划或控详规划应确定平面交叉口的道路红线；在交叉口规划设计时必须调整的，应按相关程序进行规划调整。

4.2 平面交叉口分类及选型

4.2.1 平面交叉口分类应符合下列规定：

1 根据平面交叉口相交道路的道路等级进行分类,按主干路、次干路、支路、公共通道四级道路,相交形成主-主交叉口、主-次交叉口、主-支交叉口、次-次交叉口、次-支交叉口、次-公共交叉口、支-支交叉口、支-公共交叉口、公共-公共交叉口为主的9类平面交叉口。

2 根据平面交叉口相交道路的街道功能进行分类,按商业街道、生活服务街道、景观休闲街道、交通性街道4类街道,相交形成10类平面交叉口,见表4.2.1。

表 4.2.1 平面交叉口按相交街道类型分类

相交街道	商业街道	生活服务街道	景观休闲街道	交通性街道
商业街道	商业交叉口	—	—	—
生活服务街道	生-商交叉口	生活服务交叉口	—	—
景观休闲街道	景-商交叉口	景-生交叉口	景观休闲交叉口	—
交通性街道	交-商交叉口	交-生交叉口	交-景交叉口	交通性交叉口

3 根据平面交叉口交通管控方式,可分为信号控制交叉口(A类)、无信号控制交叉口(B类)和环形交叉口(C类)3种控制形式。其中,无信号控制交叉口可分为低等级道路只允许右转通行交叉口(B1类)、减速让行或停车让行交叉口(B2类),以及全无管制交叉口(B3类)3类。

4.2.2 平面交叉口控制类型确定应符合下列规定:

1 应满足安全、舒适、通达、节约用地及生活服务功能的要求。

2 平面交叉口控制类型根据不同道路等级或街道类型应按表4.2.2-1和表4.2.2-2的规定选择。优先按照道路等级选择平面交叉口交通管控方式。

表 4.2.2-1　按道路等级选择控制方式

相交道路	主干路	次干路	支路	公共通道
主干路	A	—	—	—
次干路	A	A	—	—
支路	A、B1	A	A、B2、B3	—
公共通道	—	A、B1	A、B2	B3

表 4.2.2-2　按街道类型选择控制方式

相交街道	商业街道	生活服务街道	景观休闲街道	交通性街道
商业街道	A、B2、B3	—	—	—
生活服务街道	A、B2、B3	A、B2、B3	—	—
景观休闲街道	A、B2、B3	A、B2、B3	A、B2、B3、C	—
交通性街道	A、B1、B2	A、B1、B2	A、B1、B2	A

注：1　应避免公共通道与主干路相交，确实无法避免时可按 B1 类交叉口规划。
　　2　T 形交叉口不宜设置为环形交叉口。
　　3　规划新建交叉口时可先根据规划道路等级明确交叉口选型，工程方案设计时再结合实际街道服务功能进行优化调整。

4.2.3　在交通强度较低的地区，支路和支路以下等级道路相交的交叉口，可规划平面环形交叉口。基于区域的交通组织规划，可设置必要的（时段性或永久性）禁行机动车或非机动车交叉口，或纯步行交叉口。

4.3　平面交叉口规划红线

4.3.1　平面交叉口红线规划阶段，应落实上位规划确定的交叉口红线规划内容，且宜同步开展交通专项规划，结合道路交通工程设计和城市街区设计，进行平面交叉口方案论证和红线设计，并应符合下列规定：

1 交叉口平面规划时,应检验确定的交叉口转角部分的安全视距三角形限界。

2 交叉口规划红线范围内的高架路、立交桥或人行天桥桥墩台阶及隧道进出口等,可能遮挡驾车视线的构筑物应做安全视距分析。

3 规划红线在满足进、出口车道数等总宽的要求下,宜两侧对称布置。

4 平面交叉口规划设计时,应考虑与相邻地块的建筑退界空间进行方案的整体规划和设计。

4.3.2 平面交叉口转角处的道路红线应为圆曲线,不同等级道路交叉口圆曲线半径推荐值见表 4.3.2。钝角处圆曲线半径取较大值,锐角处圆曲线半径可适当减小,以切点对称为宜。

表 4.3.2 平面交叉口转角处道路红线圆曲线半径推荐值(m)

道路等级	主干路	次干路	支路
主干路	20	—	—
次干路	15	10~15	—
支路	10~15	10	≤10

4.3.3 平面交叉口转角路缘石确定应符合下列规定:

1 平面交叉口转角处路缘石宜为圆曲线,最小半径宜按表 4.3.3 的规定确定。交叉口转角路缘石转弯半径宜小于或等于 15 m,大客车、公交车或货车通行比例较高的交叉口可适当放宽至 20 m。当平面交叉口为非机动车专用路交叉口时,路缘石转弯半径可取 5 m~8 m。

2 在支路及公共通道交叉口、短间距交叉口,转角处路缘石转弯半径在合理情况下宜尽量取最小值以降低行车速度、保障慢行交通安全,转角处红线至路缘间空间应保障慢行交通的过街等候空间和设置必要的交通设施。

表4.3.3 交叉口转角路缘石转弯最小半径(m)

右转弯设计车速(km/h)		30	25	20	15	10
不通行大客车	无非机动车道	20~25	15~20	10~15	10	5~8
	有非机动车道	20~25	15~20	10~15	8~10	5~10
通行大客车	无非机动车道	25~30	20~25	15~20	10~15	10~15
	有非机动车道	25~30	20~25	15~20	15~20	13~15

4.3.4 新建、改建交叉口,进、出口道规划红线应按交通需求考虑车道宽度和车道数量、公交车站设置、人行过街设施等空间需求,明确红线宽度,必要时应进行道路红线拓宽。

4.3.5 平面交叉口进口道红线展宽、车道宽度及展宽段长度,应符合下列规定:

1 新建、改建交叉口,应对进口道规划红线拓展宽度并按下式确定展宽宽度。路段上规划有路缘带和分隔带时,进口道规划红线拓展宽度应扣除路缘带和分隔带可用于进口道展宽的宽度。

$$W_1 = r \times W_2 \times n \quad (4.3.5)$$

式中:W_1——进口道规划红线展宽宽度(m),以0.5m为单位向上取整;

W_2——路段平均一条车道规划宽度(m);

r——进口道展宽系数,按表4.3.5取值;

n——路段单向车道数。

表4.3.5 进口道展宽系数

路段平均一条车道规划宽度(m)	3.00	3.25	3.50	3.75
展宽系数 r	1.00	0.85	0.71	0.60

2 治理交叉口进口道展宽段的宽度,应根据实测各交通流向的早晚高峰小时交通量的最大值及可实施的治理条件确定。

3 进口道规划设置公交港湾式车站时,进口道规划红线展宽宽度应在本条第1款规定的基础上再增加3m。

4 进、出口道部位机动车道总宽度大于 16 m 时,规划人行过街横道应设置行人过街中央安全岛,进口道规划红线展宽宽度必须在本条第 1 款规定的基础上再增加 2 m。

4.3.6 平面交叉口出口道红线展宽、车道宽度及展宽段长度应按表 4.3.6 确定,并应符合下列规定:

表 4.3.6 平面交叉口进口道展宽段及展宽渐变段的长度(m)

交叉口	展宽段长度			展宽渐变段长度		
	主干路	次干路	支路	主干路	次干路	支路
主-主	80~120	—	—	30~50	—	—
主-次	70~100	50~70	—	20~40	20~40	—
主-支	50~70	—	30~40	20~30	—	15~30
次-次	—	50~70	—	—	20~30	—
次-支	—	40~60	20~40	—	20~30	15~30

注:1 进口道规划设置公交港湾式车站时,交叉口进口道展宽段还应加上公交港湾式车站所需的长度。
　　2 相邻两交叉口间的展宽段和渐变段长度之和接近或超过交叉口间距时,应符合本标准第 4.10 节的规定。
　　3 本表要求适用于交通性街道,非交通性街道可根据实际服务需求在此要求上进行调整。

1 新建平面交叉口出口道规划设有公交港湾式车站时,应预留 3 m 车站空间;上游进口道规划设有右转专用车道时,应相应增加右转出口道车道数。

2 出口道展宽段长度,主干路不应小于 60 m;次干路不应小于 45 m;支路若需展宽,其长度不应小于 30 m。展宽段设有公交港湾式车站时,展宽段长度还应满足车站设置所需的长度并保证 15 m~20 m 的展宽渐变段长度。

3 改建、治理平面交叉口出口道规划红线的展宽宽度、展宽段长度和展宽渐变段长度,可根据具体情况确定。

4.3.7 平面交叉口进出口道增加机动车车道的同时,不应影响人行道和非机动车道的有效通行宽度。

4.4 平面交叉口规划指标

4.4.1 平面交叉口机动车设计车速应按规划交叉口类型及其不同部位确定,并应符合表4.4.1的规定。

表 4.4.1 平面交叉口机动车设计车速(km/h)

部位	设计车速
进口道直行车道	$0.7V_d$
进口道左转车道	$0.5V_d$
进口道右转车道	无转角岛式渠化不大于 20 km/h 转角岛式渠化不大于 30 km/h

注:1 V_d 为道路设计车速,应符合现行行业标准《城市道路工程设计规范》CJJ 37 的有关规定。
    2 平面交叉口进口道共用车道的设计车速应按相应的转弯车道选取。

4.4.2 平面交叉口行人过街设计步速应为 1.0 m/s。

4.4.3 平面交叉口机动车与非机动车规划交通量应符合下列规定:

1 平面交叉口规划机动车交通量应区分直行及左、右转交通量。信号控制平面交叉口进口道车道数、交叉口几何设计时的规划机动车与非机动车交通量,应采用规划年预测高峰小时内信号周期平均到达量;在确定渠化及信号相位方案时,应采用道路通车期信号配时时段的高峰小时内高峰 15 min 换算的小时交通量。

2 确定平面交叉口进口道间断交通流规划交通量时,应把各种类型的车数折算成当量小汽车,车型折算系数应按表4.4.3的规定选用。

表 4.4.3 车型折算系数

车型	小型车	中型车	大型车	特大型车
折算系数	1.0	2.4	3.6	4.8

注:小型车指车长小于或等于 6 m 的车辆,中型车指车长大于 6 m 且小于或等于 12 m 的车辆,大型车指车长大于 12 m 且小于或等于 18 m 的车辆,特大型车指车长大于 18 m 的车辆。

4.4.4 行人规划交通量应采用高峰小时内的信号周期平均行人到达量。无行人到达量数据时,可按类似规模和区位的交叉口确定。

4.4.5 平面交叉口规划通行能力应按本标准附录 B、附录 C 的规定确定。

4.4.6 城市道路平面交叉口的规划车型应与城市道路规划车型一致。

4.4.7 城市道路交叉口范围内的规划最小净高应与道路规划最小净高一致,并应符合国家标准《城市道路工程项目规范》GB 55011 的规定。

4.5 规划地块机动车出入口设置

4.5.1 道路外侧地块机动车出入口规划应符合下列规定:

1 道路外侧地块机动车出入口不得规划在新建交叉口范围内,应设置在支路或专为地块集散车辆所建的内部道路上。

2 改建、治理交叉口规划,道路外侧规划地块机动车出入口应符合下列规定:

 1)应设在交叉口规划范围之外的路段上。如受地形条件限制确需在交叉口展宽段和展宽渐变段范围内设置出入口时,主干路上距离平面交叉口不应小于 80 m 或设在地块离开交叉口的最远端;次干路上距离平面交叉口不应小于 50 m 或设在地块离开交叉口的最远端;支路上距离与干路相交的平面交叉口不宜小于 30 m,距离与支路相交的平面交叉口不宜小于 20 m。

 2)在 T 形交叉口处设置地块机动车出入口时,对向道路小于双向 4 车道,机动车出入口宜正对对向道路设置,避免错位,并纳入交叉口渠化设计及信号控制管理;对向道路大于或等于 4 车道时,不宜正对设置机动车出入口。
3) 地块若能够在次干路、支路上开口,严禁在主干路交叉口规划范围内设置开口。
4) 干路上道路外侧规划地块机动车出入口的进出交通组织应采用右进右出的交通组织方案。

4.6 行人及非机动车过街设施规划

4.6.1 平面交叉口行人过街设施规划应符合下列规定:

1 交叉口行人过街设施规划必须保障行人过街的安全与适当的便捷,并应符合无障碍通道要求。

2 城市道路交叉口均应规划设置行人过街设施,其总体布局应符合城市道路网规划、非机动车和行人系统规划,并与交叉口的几何特征、人流车流特征、微观交通组织方式等相协调。

3 行人过街方式的选择应根据道路的功能性质、交叉口类型、交通控制方式及地形条件等因素确定;宜优先选用平面过街方式。

4 交叉口行人过街设施位置的选择,应满足交叉口周围公共汽车站、轨道交通车站、商业网点等人流安全集散的要求。

5 立体过街设施在满足基本功能的基础上,其跨径、净高等应按道路远期规划横断面确定,自动扶梯的设置可按本市相关文件要求执行。

6 交叉口过街设施应设置必要的引导标志和安全设施。

7 平面交叉口范围内的人行道宽度不宜小于路段上人行道的要求宽度。

4.6.2 立体过街设施设置应符合下列规定:

1 当行人需要穿越快速路或铁路时,应按照现行国家标准《城市道路交叉口规划规范》GB 50647 的规定设置立体过街设施。

2 城市商业密集区、文体场馆、轨道交通车站附近的平面交叉口,可设置与周围建筑物直接连通的立体过街设施;在学校、医院等其他有特殊要求的地方,可规划设置立体过街设施;在商业服务集中区或有特殊人行步道规划时,可设置独立的行人走廊或活动层,并直接与周边建筑人流进出口连接;在必须规划设置的立体过街设施上,应设置自动扶梯或预留自动扶梯的位置,并应设置无障碍通道。

　　3 人行天桥或地下通道的选择,应综合过街功能、地下水位、地上地下管线、其他市政公用设施、周围环境、维护条件、工程投资等,进行技术、经济、社会效益等综合比较后确定。

　　4 人行天桥或地下通道的梯段或坡道占用人行道宽度时,应局部拓宽人行道,人行道的宽度不应小于原有宽度或不小于3 m。

　　5 主干路及次干路(进口道单向3车道以上,且无中央分隔带的道路)的行人过街设施,视与行人流向相交的机动车高峰小时饱和度、行人等待时间而定。当机动车高峰小时饱和度大于0.95,且行人等待时间大于80 s时,宜设置行人过街天桥或地道。

　　6 立体过街设施的设置应符合现行行业标准《城市人行天桥与人行地道技术规范》CJJ 69的规定。

4.6.3 行人过街安全岛的设置应符合下列规定:

　　1 人行过街横道(不包括非机动车道)长度超过16 m时,应按照现行国家标准《城市道路交叉口规划规范》GB 50647的规定在人行横道中央规划设置行人过街安全岛,行人过街安全岛的宽度不应小于2.0 m,困难情况下不小于1.5 m。

　　2 居住区附近或商业区附近行人流量较大的平面交叉口,当机动车进出口道总数大于或等于3条时,宜设置行人过街安全岛。

　　3 有中央分隔带的道路,必须利用中央分隔带设置行人过街安全岛;无中央分隔带的道路,可根据下列情况采取相应的措施增设行人过街安全岛：

    1) 有转角交通岛的交叉口,可减窄交通岛0.75 m～1.0 m设置行人过街安全岛,如本标准附录M图M-3a所示。

    2) 无转角交通岛的交叉口,可利用转角曲线范围内的扩展空间设置行人过街安全岛,如本标准附录M图M-3b所示。

    3) 当人行横道设在直线段范围内时,可减窄进出口车道的宽度设置行人过街安全岛,如本标准附录M图M-3c所示。

  4 交叉口道路中央分隔带设置过街安全岛时,安全岛岛头应进行物理隔离并增加警示设施,禁止机动车在此掉头,禁止设置路灯、信号灯杆等。

4.6.4 当城市道路交叉口非机动车交通流量较大或路段上机动车与非机动车之间有隔离设施时,应在交叉口设置独立的非机动车进出口道,机动车与非机动车道间应设置实体分隔设施。

4.6.5 路段上机动车-非机动车混行的道路,其沿线平面交叉口应进行机动车和非机动车的渠化设计,进出口道应设置实体分隔设施或采用标线分离。

4.6.6 行人-非机动车一体化通行进出口道应符合下列规定：

  1 行人与非机动车的行驶空间宜采用不同铺装加以区分,并保证各自所需的宽度。

  2 行人-非机动车一体化通行进出口道应采用非机动车与行人相同的交通组织方式,如本标准附录M图M-5所示。

4.6.7 当交叉口附近存在轨道站点进出口或高人流集散点时,可结合进出口道展宽条件在交叉口设施带区域设置非机动车停车带。

4.6.8 当条件允许时,行人和非机动车过街设施的规划设计应以行人和非机动车需求大小为依据,结合实际服务需求,综合确定规划设计要求。

4.7 公共汽(电)车交通设施规划

4.7.1 道路平面交叉口公共汽(电)车中途站应保证乘客安全，方便乘客换乘，满足公共汽(电)车安全停靠和顺利进出的要求，降低对交叉口交通的影响。

4.7.2 道路平面交叉口公共汽(电)车中途站间的换乘距离，可按现行行业标准《城市道路工程设计规范》CJJ 37，宜符合下列规定：
  1 同向换乘，换乘距离不宜大于 50 m。
  2 异向换乘和交叉换乘，换乘距离不宜大于 150 m。
  3 任何换乘方向换乘，换乘距离不宜大于 250 m。

4.7.3 平面交叉口公交中途站宜规划设置在交叉口出口道；对于改建和治理交叉口，受条件限制时，非左转公交线路的中途站可设置在进口道。

4.7.4 当在平面交叉口进出口道设置公交中途站时，应结合交叉口展宽一体化设计，并在保证其与交叉口的必要距离下，使其尽量靠近交叉口人行横道。

4.7.5 当平面交叉口处有轨道交通车站进出口时，应在原交叉口规划展宽的基础上，做轨道交通与地面公交换乘规划，地面公交应就近换乘轨道交通。

4.7.6 平面交叉口范围不宜规划、设置公共汽(电)车首末站。与干路相交的进口道不宜规划首末站。必须设置时，宜设置在交叉口出口道，应与交叉口一体化设计，并对首末站的进出交通组织进行交通影响分析，在规划交叉口红线时为进出首末站的路段预留宽度。

4.7.7 平面交叉口主要道路进口道或客流量较大的进口道应规划公交专用进口道，具体以公交专用道规划为依据。

4.8 环形交叉口规划

4.8.1 环形交叉口规划应符合下列规定：

1 常规环形交叉口不宜用于干路相交的交叉口上，交通量不大的生活性支路上可选用环形交叉口。新建道路交叉口交通量不大，且作为过渡形式及圈定道路交叉用地时，可设环形交叉。

2 常规环形交叉口各组成要素的规划，应包括中心岛形式和大小、交织段长度、环道车道数、宽度与横断面、环道外缘形状、进出口转角半径、交通岛、人行横道等（图4.8.1）。

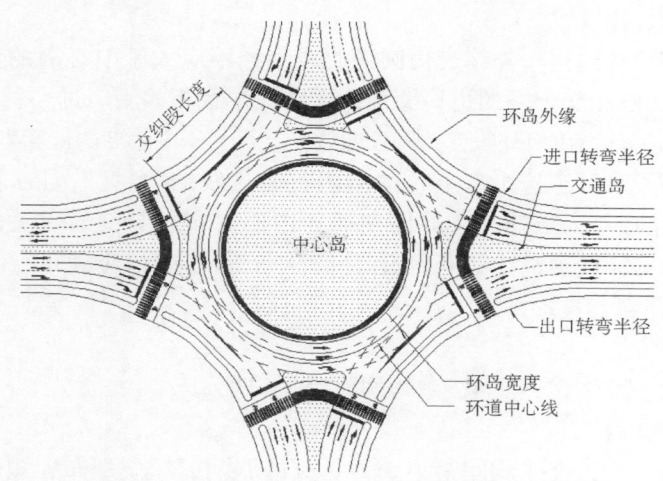

图 4.8.1 常规环形交叉口各组成要素

3 常规环形交叉口中心岛的形状宜用圆形、椭圆形、圆角菱形。中心岛曲线半径宜为15 m～20 m。中心岛内不得布设人行道。中心岛内的交通与绿化设施应符合行车安全的要求。

4.8.2 常规环形交叉口环道、环道外缘及进出口规划应符合下列规定：

1 环道车道数宜为2条或3条,小环岛交叉口可采用1条～2条。

2 环道上每条车道的宽度应在直线车道宽度基础上增加曲线上车道的加宽宽度。中心岛半径在15 m～20 m时,行驶小型车环道加宽宽度不应小于0.7 m,行驶大型车环道加宽宽度不应小于2.4 m。

3 环道外侧人行道宽度,不宜小于与该段环道相邻的相交道路路段上的人行道宽度。

4 环形交叉右转车道宜按直线布设,且直线与相交道路边缘线之间宜为圆弧曲线;交叉口右转车道也可按与中心岛反向曲线布设(图4.8.1)。

5 环道进口外缘交角圆弧曲线半径不应大于中心岛的计算半径。各相交道路的进口交角圆弧曲线半径相差不应过大。

6 环道出口外缘交角圆弧曲线半径可大于中心岛的计算半径。

7 在环道进出口上各向车辆行驶迹线的"盲区"范围,可布设三角形导向交通岛。导向交通岛内不得布置与交通无关的设施;当导向交通岛内进行绿化或布设交通设施时,应满足行车视距的要求。

4.9 短间距交叉口规划

4.9.1 在道路平均间距小于200 m的路网区域规划布置短间距交叉口时,应根据路网交通组织需求对节点交叉口进行相应的交通组织管理。

4.9.2 短间距交叉口应进行相邻交叉口间的协调规划,协调规划应满足不产生通行能力"瓶颈"路段的要求并和路网及交叉口交通组织策略相匹配。

4.9.3 短间距交叉口之间通行能力的匹配应符合下列规定:

1 上游交叉口流入车道组的通行能力不应大于下游交叉口

流出车道组的通行能力。

  2 当无法估算通行能力时,相邻交叉口进口道数的对应关系应符合下列规定:

   1) 当相邻两交叉口相交道路等级相同时,上游交叉口单个相位流入路段的车道总数的最大值应与下游交叉口流出路段车道总数相同。

   2) 当相邻两交叉口相交道路等级不同时,上游交叉口流入路段的车道总数与下游交叉口流出路段的车道总数相差不宜超过1条。

4.10 平面交叉口附近快速路出入口的规划布局

4.10.1 规划高架道路、地下通道或互通立交匝道出入口时,其匝道出入口应远离附近干路的平面交叉口。

4.10.2 平面交叉口前后高架道路、地下通道或互通立交匝道出入口的布置,应符合下列规定:

  1 交叉口前后高架道路、地下通道或立体交叉匝道出入口,应设在与主干路、次干路相交的交叉口的上游或下游,不宜设在与支路相交的交叉口上游或下游。出入口匝道接地点距交叉口的距离应满足车流交织长度的要求。

  2 高架道路、地下通道或互通立交面对信号控制交叉口的出口匝道的设置,宜符合下列规定:

   1) 在信号控制交叉口上游布置有出口匝道时,交叉口进口道的展宽宜符合地面道路与匝道车流的双重要求。

   2) 出口匝道的横向位置宜按出口匝道车辆左转、右转交通量大小确定。当左转交通量大时,宜布置在靠近平面交叉口进口道左转车道与直行车道之间(图4.10.2-1);当右转交通量大时,宜布置在靠近平面交叉口进口道右转车道与直行车道之间(图4.10.2-2)。

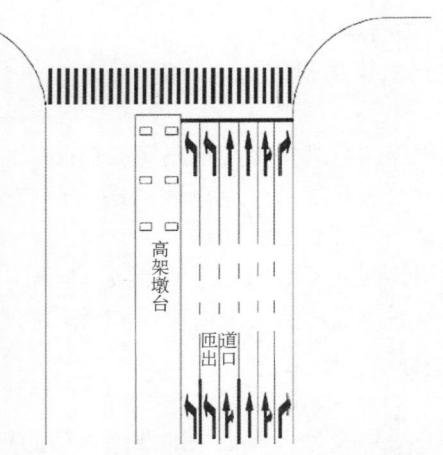

图 4.10.2-1 左转交通量大时出口匝道的横向位置

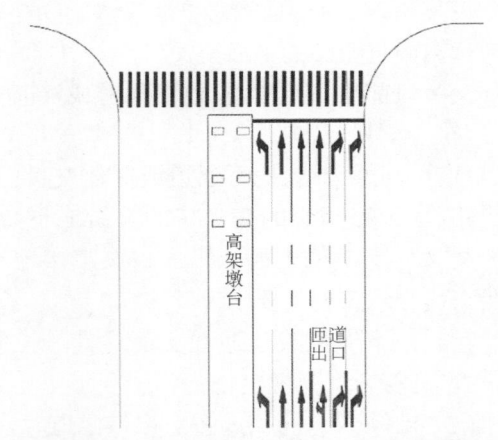

图 4.10.2-2 右转交通量大时出口匝道的横向位置

5 平面交叉口交通组织

5.1 一般规定

5.1.1 平面交叉口交通组织应遵循分离交通冲突、确保安全和充分利用时空资源的原则。可通过信号控制、禁限措施来减少机动车、非机动车和行人交通流流线冲突;也可通过路口渠化缩小冲突范围、控制冲突点位置、分离冲突流线等。

5.1.2 当平面交叉口的机动车交通压力太大,通过信号配时或者渠化设计仍然难以缓解时,可对交叉口部分机动车流向进行禁止,同时应在邻近交叉口或路段提供禁行流向的替代通行方案。

5.1.3 非机动车独立进出口道可采用非机动车随同机动车一起过街的交通组织方式,如本标准附录 M 图 M-4 所示;也可采用非机动车与随同行人一起过街的交通组织方式,如本标准附录 M 图 M-5 和图 M-6 所示。

5.2 信号控制交叉口交通组织

5.2.1 在道路平均间距小于 200 m 的路网区域,邻近交叉口宜结合区域交通组织要求进行必要的信号联动控制和协调组织,如对单行道路沿线交叉口进行绿波协调、对双行道路沿线交叉口交替禁左等。

5.2.2 符合以下条件之一时,可在交叉口采取机动车禁止左转措施:

    1 对向左转流量不均衡且对向直行车流量较大。

2 交叉口设置路中型公交专用进口道,该进口道的车道功能为直行。

3 邻近交叉口或路段具有组织左转或掉头车流的适宜条件。

4 交叉口上游存在下匝道或其他道路车流汇入,因交织区长度较短,无法同时组织原有道路和汇入车流的左转交通。

5.2.3 当平面交叉口设置路边型公交专用进口道,无法处理公共汽(电)车与右转机动车通行矛盾或为了减少右转车与公交车交织冲突时,可在交叉口采取禁右措施。

5.2.4 非机动车与行人交通组织应符合下列规定:

1 非机动车交通应与机动车交通进行空间或时间分离;如果没有条件分离,也必须给出必要空间让非机动车与机动车分道行驶。

2 应使非机动车、行人处于危险状态的时间减小到最少。

3 慢行交通与机动车交通的交叉冲突点应远离机动车交通之间的交叉冲突点。

4 当左转非机动车流量不大时,干路及与干路相交形成交叉口均宜采用非机动车二次过街的组织方式,并保证足够的非机动车待行空间。当左转非机动车流量较大时,则应考虑设置左转非机动车专用相位。

5 当行人或非机动车流量较大,右转机动车无法在其绿灯时间内通过交叉口时,可对行人和非动车流进行必要的信号控制,保证机动车必要的通行间隙。

5.3 无信号控制交叉口交通组织

5.3.1 应确定机动车运行车流的优先等级,即主要道路直行与右转、主要道路左转与次要道路右转、次要道路直行、次要道路左转四个等级。低优先级的车流应让行于高优先级的车流,让行方式宜采用停车让行。

5.3.2 无信号控制交叉口应设置齐全的交通标志，明确各流向通行的优先等级。机动车流量较大，冲突相对严重时，非机动车宜采取二次过街组织方式，此时非机动车的优先级与行人相同。

5.4 环形交叉口交通组织

5.4.1 机动车交通组织应符合下列规定：

　　1 环形交叉口的通行能力受限于交织段通行能力，不可通过增加绕环车道的方法缓解交通拥堵。

　　2 环岛流量较大且长时间处于饱和状态导致拥堵时，应把进入环形交叉口的相交道路改为减速让行标志管制的道路，或应增加信号灯控制进环车辆与出环车辆在交织段上的通行权，如图5.4.1所示。

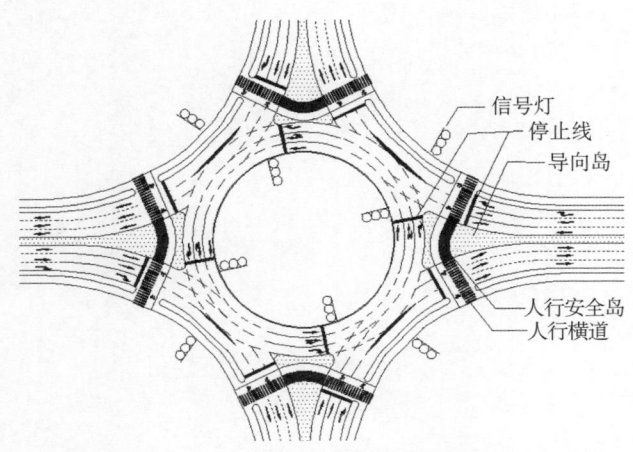

图 5.4.1　环形交叉口信号控制布设

5.4.2 环岛内部不得向非机动车与行人开放。应令非机动车与行人通过绕行环岛来完成过街,非机动车与行人过街设施布置见图5.4.1。

5.4.3 在机动车流量较大、绕环车道较多的环形交叉口,进行公交线路规划时应减少左转公共汽车线路数量。

6 平面交叉口设计

6.1 一般规定

6.1.1 新建平面交叉口,应以本标准确定的交叉口红线为依据,根据相交道路的类别确定车辆车型、设计车速和预测规划年交通流量及流向。

6.1.2 改建平面交叉口,应以现状或改建规划的交叉口红线为依据,基于改善后的要求、现状的实测设计参数,并结合周边可能的条件进行设计。

6.1.3 治理平面交叉口,可在原交叉口平面布局的基础上,根据现状交通运行特征和问题作局部改善,可调整交叉口组织模式、进出口道的车道数、渠化设计、信号灯相位和配时设计以及其他交通设施和管理设计。

6.1.4 平面交叉口设计须满足区域路网交通组织和管理要求,设计方案应兼顾交叉口的交通和非交通功能,并与信号控制方案相匹配。

6.1.5 平面交叉口设计应包括几何设计、交通组织设计和交通设施设计等方面。具体有:交叉口平面布局、进出口道车道数、进出口道车道宽度和人行道宽度;车道功能划分、交通流导行轨迹线、公交中途站、停车线位置和人行过街横道宽度和位置、交通岛等交通渠化设计;视距三角形;竖向设计;确定各类交通标志标线及信号灯的设置位置和内容;设计信号配时基本方案等。

6.1.6 各类平面交叉口的进出口道应为行人安全过街提供必要的条件,包括过街空间、过街信号、交通安全岛、缘石坡道、触感盲道等。

6.1.7 平面交叉口应符合道路竖向设计要求，并保证行车舒适、排水迅速和美观，其标高应与周围街坊标高相协调。

6.1.8 平面交叉口范围内道路平面线形宜采用直线；当采用曲线时，曲线半径不宜小于按交叉口设计车速的不设超高条件下要求的最小圆曲线半径。

6.2 平面交叉口布局设计

6.2.1 信号控制交叉口平面布局应在充分考虑机动车设计车速、设计车型、行车轨迹、行人和非机动车过街需求及特性的基础上，妥善处理慢行过街的问题。根据慢行过街的方式，常用的交叉口平面布局可分为慢行二次过街与慢行一次过街两类，其中慢行二次过街还可再分为有无实体交通岛两种情况。有实体交通岛的慢行二次过街交叉口布局图示见本标准附录M图M-5；无实体交通岛的慢行二次过街交叉口布局图示见本标准附录M图M-6、图M-7，非机动车一次过街交叉口布局图示见本标准附录M图M-4。

6.2.2 无信号控制交叉口平面布局应符合下列规定：

1 考虑到无信号控制交叉口冲突点数大于信号控制交叉口，为减少冲突点数，主-支交叉口宜采用慢行二次过街的交叉口布局方式；对于次-支交叉口及支-支交叉口，当主要道路与次要道路的交通量均较大时，宜采用慢行二次过街的交叉口布局方式。

2 主要道路中央分隔带较宽时，可利用中央分隔带在交叉口内部的延伸区域设置供次要道路车流临时停车的停车等待区，以提高次要道路通行能力。

6.2.3 对快速路进出口衔接地面交叉口进行平面布局时，若出口匝道左转交通量较大、对下游交叉口通车影响较大且干路中央高架道路墩位中央带较宽时，可采取匝道或交叉口进口道禁止左转而在交叉口下游做远引左转的管理措施；在墩位中央带侧必须有1条左转车道，左转车转弯的入口宜在对向进口道展宽段和展宽渐变段的范围以外,同时在交叉口进口道上游及出口匝道上应设有禁止左转标志及分车道悬挂的指路标志,见图 6.2.3。

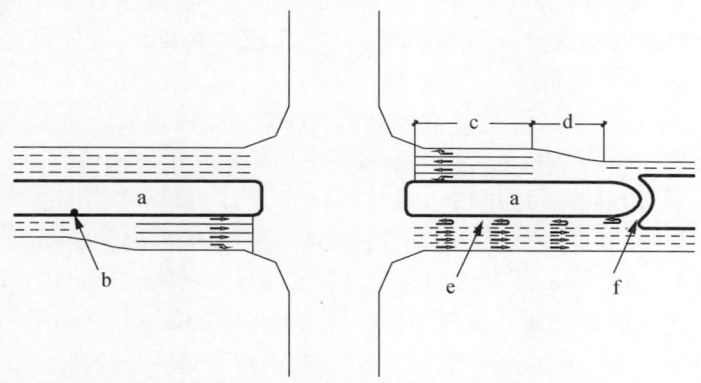

a—墩位中央带;b—设禁止左转标志及分车道悬挂的指路标志;c—展宽段;
d—展宽渐变段;e—远引式左转的左转车道;f—左转入口

图 6.2.3 利用墩位中央带做远引左转的布设

6.3 进出口道设计

6.3.1 交叉口进口道车道数应根据进口道通行能力与路段通行能力相匹配的原则进行调整。新建交叉口若无相关资料,可按表 6.3.1 初步确定进口道车道数。

表 6.3.1 新建十字形交叉口进口道车道数试用方案

路段车道数	进口道车道数
1	1,2
2	2,3,4
3	4,5,6
4	5,6,7

6.3.2 交叉口进口道应确保增加车道数所需的宽度；确定进口道的宽度及车道数时应符合下列规定：

  1 新建交叉口进口道展宽段的宽度，应根据预测各交通流向早晚高峰小时流量的最大值所需的车道数来决定；无交通流量数据时，应按本标准式(4.3.5)计算确定。

  2 改建交叉口进口道展宽段的宽度，应根据实测或预测各交通流向早晚高峰小时流量的最大值所需的车道数来确定。

  3 治理交叉口进口道展宽段的宽度，应根据实测的各交通流向早晚高峰小时流量的最大值及可实施的治理条件来确定。

6.3.3 进口道每条车道的宽度可较路段上略窄。新建交叉口以及居住区道路交叉口或禁止货运车通行的道路，一车道的最小宽度可取 3.00 m；改建或治理交叉口，在用地受到限制的地方，一车道的最小宽度可取 2.80 m。交叉口范围内可不设路缘带，转向车道或边缘车道应增加 0.25 m。

6.3.4 进口道展宽段应尽可能为左转、直行和右转车辆分车道行驶创造条件，特别是设置有专用箭头灯时，必须设置相应的专用车道。在有中央分隔带的进口道上，应充分利用分隔带空间展宽成进口车道，剩余宽度应满足行人过街驻足空间的要求。

6.3.5 各流向车流量比例时变特性显著的交叉口，宜设置可变导向进口道。设置可变导向进口道时，应设计相应的地面标线和有效的可变导向标志。

6.3.6 进口道设计时，右转车道宜向进口道右侧（靠非机动车道或人行道一侧）展宽，左转车道宜向进口道左侧（靠道路中心线一侧）展宽。

6.3.7 进口道长度的确定应符合下列规定：

  1 进口道长度 L_a 应由展宽渐变段长度 L_d 与展宽段长度 l_s（图 6.3.7）组成。

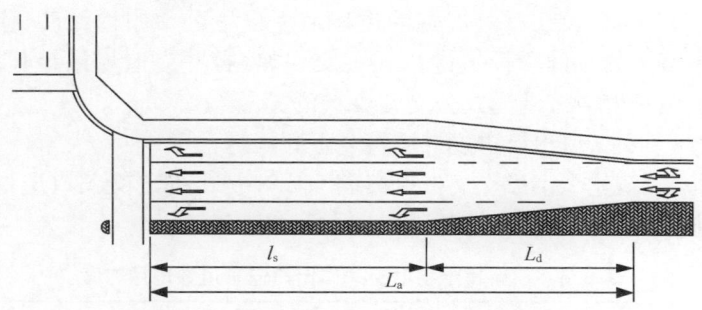

L_d—展宽渐变段长度；l_s—展宽段长度；L_a—进口道长度

图 6.3.7 进口道展宽段示意

L_d 和 l_s 分别按公式(6.3.7-1)和公式(6.3.7-2)计算：

$$L_d = \frac{v \times \Delta w}{3} \qquad (6.3.7\text{-}1)$$

式中：v——进口道设计车速(km/h)；
Δw——横向偏移量(m)。

$$l_s = 9N \qquad (6.3.7\text{-}2)$$

式中：N——高峰 15 min 内每一信号周期的左转或右转车的平均排队车辆数。

2 无交通流量数据时，新、改建交叉口进口道长度应按本标准表 4.3.6 设计。

3 治理交叉口用地有限，无法满足本条第 1 款要求时，应采用表 6.3.7 的数据确定进口道的最小长度。

表 6.3.7 治理性交叉口进口道的最小长度

路段设计速度(km/h)	最小长度(m)
60	60
50	50
40	40

4 当需要在右侧展宽的进口道上设置公交中途站时,应利用展宽段的延伸段设置港湾式公交中途站,并应追加站台长度,渐变段长度应按港湾式公交站要求设置。

6.3.8 交叉口出口道设计应符合下列规定:

1 新建十字形交叉口可按表6.3.8初步确定交叉口出口道车道数。

表6.3.8 新建十字形交叉口出口道车道数试用方案

路段车道数	出口道车道数
1	1
2	2,3
3	3,4
4	4,5

2 新建交叉口每条出口道宽度不应小于下游路段车道宽度;改建和治理交叉口条件受限制时,出口道车道数不得小于上游进口道的直行车道数;改建和治理交叉口每条出口道车道宽度不应小于3.25 m。

3 新建及改建交叉口的出口道为主干路,相邻进口道有右转专用车道时,出口道宜设置右转出口道展宽段。

4 出口道设有公交中途站时,按港湾式车站要求设置展宽段;在设置展宽的出口道上设置公交中途站时,应利用展宽段的延伸段设置港湾式公交中途站。

5 出口道范围内应对车辆停留或临时停靠进行管理,必要时可在机非分隔带增加物理隔离进行限制。

6 出口道设计展宽长度应包括出口道展宽段长度和展宽渐变段长度。出口道展宽段长度由缘石转弯曲线的端点向下游方向计算,不设公交中途站时,长度为30 m~60 m;设置中途站时,再加上公交中途站所需长度,并应满足视距三角形的要求。出口道展宽渐变段长度 l'_d 应按式(6.3.8)计算:

$$l'_d = (30 \sim 20)\Delta w \quad (6.3.8)$$

条件受限制时,不应小于 30 m。

6.3.9 交叉口车道功能划分应根据各个流向流量的需求确定,当没有实际调查资料时,十字形交叉口可先按表 6.3.9 所列进口道车道数选取初始渠化方案;然后根据通车后实际交通各流向的流量调整渠化及相应的信号相位方案。

表 6.3.9 新建十字形交叉口初始渠化方案

进口道车道数	渠化方案
5	←↑↑↑↑→
4	←↑↑→
3	←↑↑→
2	←↑→

6.3.10 受高架道路、地道或互通立交匝道的影响时,干路平面交叉口进出口道设计宜符合下列规定:

1 出口匝道设置在进口道最内侧,地面道路左转车流量较大时,可将地面道路左转车道设置在匝道出口的右侧,并必须配以左转专用相位。当出口匝道与交叉口的距离小于规定值或流量较大难以完成交织换道时,应分别对地面及匝道延伸段进行拓宽渠化,并可按流量流向非常规布置车道功能。

2 入口匝道距离交叉口出口道起点较近时,应为相交道路驶入该出口道的右转车设置导流线,防止右转车辆误进入口匝道。为防止右转车流与进入入口匝道的车流发生交织冲突,可专门设置右转专用相位,必要时还可与相交道路的左转相位相协调,防止右转车流与相交道路的左转车流同时驶入出口道时产生交织冲突。

6.3.11 道路平均间距小于200 m的路网区域交叉口、短间距交叉口或生活服务街道交叉口可结合实际展宽需求和用地条件综合确定进出口道长度及渠化设计,宜结合交叉口服务功能进行一体化设计。

6.4 信号控制交叉口设计

6.4.1 信号控制交叉口设计应符合下列规定:

1 应对常规双向通行信号控制交叉口的全部组成部分进行一体化设计,主要内容应包括进出口道车道数、进出口道车道宽度及长度、进出口道车道功能划分、交通流导向交通岛等的交通渠化设计以及人行过街横道、过街安全岛、非机动车道与公交中途站设计等。

2 信号控制交叉口平面设计方案应与交通信号控制选择方案同步进行,应协调进口车道渠化方案与信号控制方案,以达到二者最佳配合,最大限度地提高信号控制交叉口的交通安全与通行效率。

3 信号控制交叉口设计应使干路进口道通行能力与其上游路段通行能力相匹配,并应使之与相邻交叉口协调。

6.4.2 信号控制交叉口进口道设计应符合下列规定:

1 信号控制交叉口进口道各车道宜根据高峰小时内高峰15 min换算的小时交通量设置左转、直行和右转专用车道或直左、直右混行车道。

2 新建交叉口在条件适宜设置左转专用车道时,宜利用中央分隔带增辟左转专用车道；改建及治理交叉口设计,当高峰15 min 内每信号周期左转车平均交通量超过 10 辆时,宜设置左转专用车道;当高峰 15 min 内每信号周期左转车平均到达交通量达 20 辆或需要左转专用车道长度达 90 m 时,应进一步增加左转专用车道数量。

3 当高峰 15 min 内每信号周期右转车平均到达交通量达 15 辆或道路空间允许时,宜设置右转专用车道。改建及治理交叉口设计时,可通过缩减进口道车道的宽度、减窄机非分隔带宽度或利用阻挡视线的绿化带展宽成右转专用车道或直右混行车道。当设置 2 条及以上右转专用车道时,应对右转车流进行信号控制。

4 需设 2 条转弯专用车道时,第 2 条专用车道展宽段长度可取 1 条专用车道长度的 0.6 倍。

6.4.3 信号控制交叉口出口道设计宜符合进出口道匹配原则。新建及改建交叉口设计出口道车道数应与上游各进口道同一信号相位流入的最多进口车道数相匹配。治理交叉口,当条件受限时,出口道车道数可比同时流入最大车道数少 1 条。出口道设计总宽必须按出口道增加车道数所需宽度确定。

6.4.4 与步行街相邻的交叉口宜采用信号控制,并通过物理隔离、特殊铺装及行人识别监测等方法,保证行人等候及通行的安全、便捷。

6.5 无信号控制交叉口设计

6.5.1 应采取必要的措施控制机动车通过交叉口的速度,如缩窄出口道宽度、设置物理减速带、使用特殊铺装或绘制减速标志标线等。

6.5.2 在支路只准右转交叉口的进口道与出口道之间,可布设三角形导流交通岛或在主干路上布置穿过交叉口的连续中央分隔带。

6.5.3 停车让行与减速让行标志交叉口应符合下列规定:

1 次要道路进口道仅有 1 条车道且有展宽余地时,宜设计成2条车道；主要道路进口道车道数可与路段车道数相同。

2 人行横道：支路上应设置斑马纹人行横道线与警示标志，并在人行横道上游机动车道上划人行横道警示标线；干路人行横道上应设置行人过街安全岛及行人信号。

6.5.4 全无管制交叉口应符合下列规定：

1 人行横道：应设置斑马纹人行横道线与警示标志，并在人行横道上游机动车道上划人行横道警示标线。

2 视距：应符合视距的要求，在改建、治理设计中遇安全视距三角形界限不能改善的交叉口，应将其改为停车让行标志交叉口或采取限速措施。

6.6 交叉口内部空间渠化设计及交通岛设置

6.6.1 平面交叉口内部应采用路面标线、交通流向标志作渠化设计；行人安全岛应按人行横道线宽度铺设人行道铺面。

6.6.2 交叉口内部渠化应符合下列规定：

1 在平面交叉口内部，应选取左转交通流对对向直行交通流无影响的轨迹划出左转弯导行标线；当交叉口范围较大且进口道中心线有偏移时，也应针对直行车的行驶轨迹设置导行轨迹线。

2 当进口道车辆排队长度较长或出现排队溢出进口道展宽段范围时，应结合交叉口内部空间条件设置左转（直行）待行区，拓展进口道蓄车空间。

3 交叉口内部具有可停放左转车而不影响对向直行车的空间时，在左转专用车道出停车线后的左转车行驶轨迹范围内，可划设导行轨迹线，并按需求条件设置左转待行区，见图6.6.2。必要时，应设置"可进入左转待行区"提示标牌。

4 交叉口内部具有可停放直行车而不影响相交道路车辆通行空间时，在直行车道出停车线后的直行车行驶轨迹空间内，可划设导行轨迹线，并按需求条件设置直行待行区，见图6.6.2。必要时,应设置"可进入直行待行区"提示标牌。

5 交叉口内应把各流向交通流行驶轨迹所需空间之外的多余面积用标线画成导向交通岛,见图6.6.2中的阴影部分。

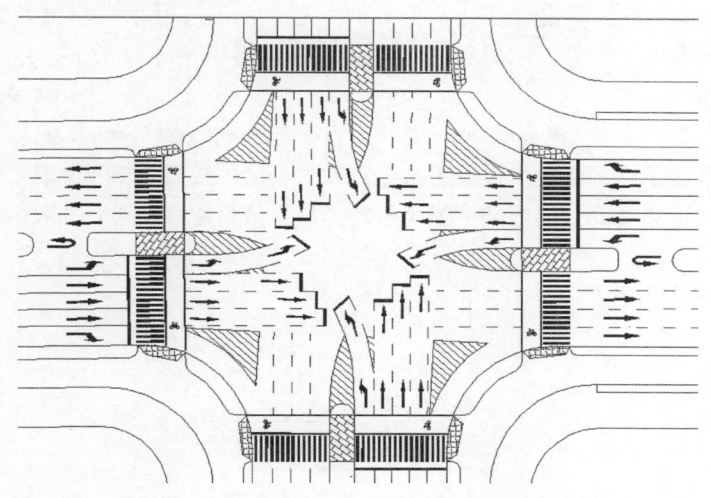

图6.6.2 交叉口导流线示意

6.6.3 导向交通岛间导流车道的宽度应适当,应避免因过宽所引起的车辆并行、抢道现象;在交叉口转角交通岛内侧的右转专用车道,应按右转车道内侧路缘石转弯半径及规划通行车型布设车道加宽。加宽后的车道宽度应符合表6.6.3的规定。需设右转专用车道而加设转角实体交通岛时,交角曲线半径应大于25 m,且右转专用车道应设置信号控制,右转车与过街行人分时段通行。

表6.6.3 右转专用车道加宽后的宽度 W_o(m)

转弯半径(m)	规划车型	
	中、大型车	小型车
25~30	5.0	4.0
>30	4.5	3.75

6.6.4 交通岛不宜设在竖曲线顶部。

6.6.5 当设置转角实体交通岛时,宜对出口道进行展宽;对于流量流向变化较大的交叉口,不宜设置转角实体交通岛。

6.6.6 当需要设置实体交通岛时,交通岛宜先用标线画出,实施一阶段后,按实际车流行驶轨迹作调整,再做成永久性的实体交通岛。

6.6.7 导流交通岛边缘的线形为直线与圆曲线的组合,其偏移距、内移距及端部曲线半径见图6.6.7-1,最小值可按表6.6.7-1取用;导流交通岛各部分的要素见图6.6.7-2,最小值可按表6.6.7-2取用;需要时,导流交通岛可兼作行人过街安全岛使用。

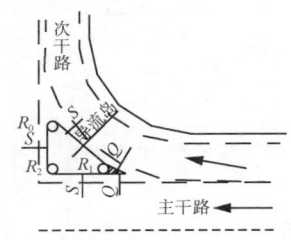

图6.6.7-1 偏移距、内移距及端部曲线半径

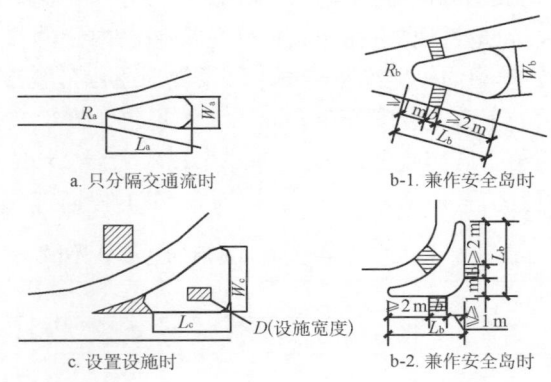

图6.6.7-2 导流交通岛各部分要素

表 6.6.7-1 导流岛偏移距、内移距、端部曲线半径最小值

设计行车速度(km/h)	偏移距 S(m)	内移距 Q(m)	端部曲线半径		
			R_0(m)	R_1(m)	R_2(m)
≥50	0.50	0.75	0.5	0.5~1.0	0.5~1.0
<50	0.25	0.50			0.5~1.5

表 6.6.7-2 导流岛各要素的最小值

图示	(a)			(b)			(c)	
要素	W_a	L_a	R_a	W_b	L_b	R_b	W_c	L_c
最小值(m)	2.0	5.0	1.0	3.0	$b+3$	1.0	$D+3$	5.0

6.6.8 在道路间距小于 200 m 的路网区域或短间距交叉口,上述转弯半径的取值宜取用较小的常规转弯半径。

6.6.9 转角交通岛兼作行人过街安全岛时,岛面积(不包括岛端尖角标线部分)应满足驻足行人和非机动车待行的需求;当无实测交通量数据时,岛面积应大于 20 m²。岛边人行横道布设位置见图 6.6.7-2;人行横道同人行道以及交通岛的接界部分都应符合无障碍设计的要求。

6.6.10 交通岛端部应醒目明了,并在外形上能诱导车辆前进方向。楔形端部应做成圆形;行车道到楔形端部的内移距,应根据交通岛的大小和位置确定。

6.7 公共汽(电)车专用进出口道设计

6.7.1 进口道处的公共汽(电)车专用道宜沿最右侧机动车道设置。公共汽(电)车专用道在交叉口进口道处的设置应符合下列规定:

1 当交叉口公共汽(电)车交通量较大时,应增设公共汽(电)车专用进口道,其宽度不小于 3.25 m。

2 当无右转机动车交通流,或另设右转专用车道且设有右转专用信号相位时,公共汽(电)车专用道可直接设置至停车线。

3 当右转交通量较大时,可采用图 6.7.1-1 所示的方法设置公共汽(电)车专用进口道和右转专用车道,应在右转车排队最大长度上游设置从最右侧的公共汽(电)车专用道转向公共汽(电)车专用进口道的交织段,其长度宜不小于 40 m。

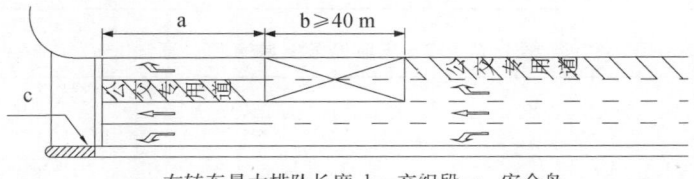

a—右转车最大排队长度;b—交织段;c—安全岛

图 6.7.1-1 设置在右转专用道左侧的公共汽(电)车专用进口道

4 当公共汽(电)车专用道设置在外侧且相邻交叉口间距无法满足右转专用道车辆与公共汽(电)车交织段长度要求时,可按图 6.7.1-2 所示的方法设置公共汽(电)车专用道和右转专用车道,并配以右转车专用信号灯。

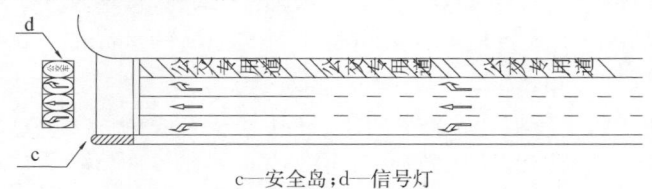

c—安全岛;d—信号灯

图 6.7.1-2 设置在路侧的公共汽(电)车专用进口道

5 若右转公交车与直行公交车流量都很大,可按图 6.7.1-3 所示的方法设置公共汽(电)车专用进口道,右转社会车辆与右转公交车辆共用路侧进口道。

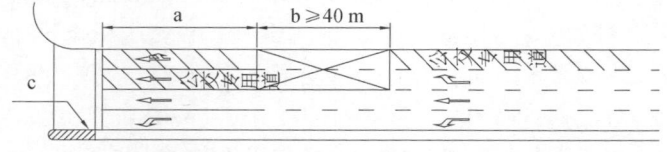

a—右转车最大排队长度;b—交织段;c—安全岛

图 6.7.1-3 双公共汽(电)车专用进口道

6 若右转机动车流量不大,可按图 6.7.1-4 所示的方法设置公共汽(电)车专用进口道,右转社会车辆与公交车辆共用路侧进口道。

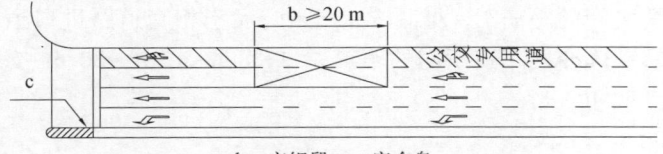

b—交织段;c—安全岛

图 6.7.1-4　直右公共汽(电)车专用进口道

6.7.2　当路段采用路中式公共汽(电)车专用道时,专用进口道、专用出口道应设置在最左侧车道,并可与路中式公交中途站结合布置,见图 6.7.2-1 与图 6.7.2-2。

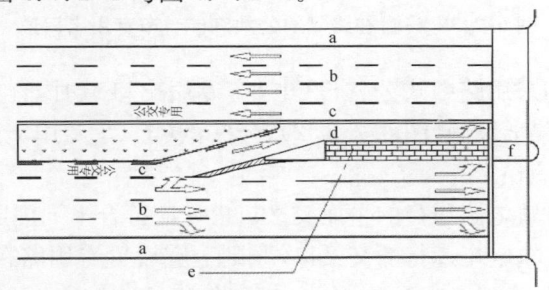

a—非机动车道;b—机动车道;c—公共汽(电)车专用道;
d—公共汽(电)车专用进口道;e—公交中途站;f—行人过街安全岛

图 6.7.2-1　路中式公共汽(电)车专用进口道与公交中途站结合布置

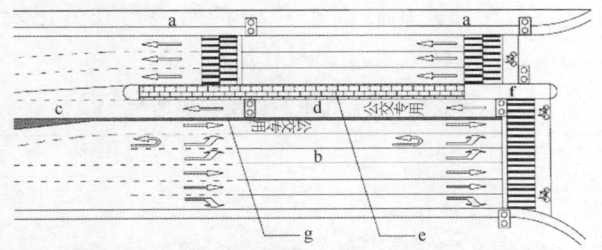

a—非机动车道;b—机动车道;c—公共汽(电)车专用道;d—公共汽(电)车专用进口道;
e—公交中途站;f—行人过街安全岛;g—隔离设施

图 6.7.2-2　路中式公共汽(电)车专用出口道与公交中途站结合布置

6.7.3 出口道处公共汽(电)车专用道的设置应符合下列规定：

1 出口道公共汽(电)车专用道的起点和对侧进口道停车线延长线之间的距离 L_r（见图 6.7.3），应大于相交道路进口道驶入的右转车辆变换车道所需的距离，一般可取 30 m～50 m；交织段长度宜取 40 m。

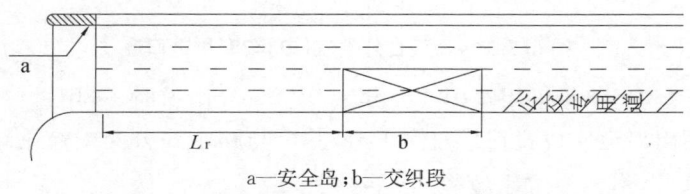

a—安全岛；b—交织段

图 6.7.3 设置在路侧的公共汽(电)车专用出口道

2 当采用路中式公共汽(电)车专用出口道时，宜在对向车道间布置隔离设施（图 6.7.2-2），公共汽(电)车专用车道宽度应不小于 3.5 m。

6.7.4 有轨电车通行的平面交叉口设计应符合下列规定：

1 有轨电车通行的交叉口，原则上宜设置专用路权；当道路交叉口的社会机动车流量较小、道路等级为支路、地形条件受限时，可设置混合路权。

2 有轨电车停车视距应满足表 6.7.4 的要求；视距三角形范围内，不得有任何高出路面 1.0 m 的妨碍驾驶员视线的障碍物，且有轨电车的车站应避开视距三角形范围。

表 6.7.4 有轨电车停车视距要求

有轨电车限速(km/h)	40	35	30	25	20	15	10
安全停车视距(m)	75	61	48	36	26	17	10

3 专用路权的有轨电车通行交叉口，有轨电车车站与交叉口一体化设计时，应符合下列规定：

1）结合岛式车站设置的路中式有轨电车进口道和出口道，

车站与有轨电车进口道均应设在机动车行驶方向的最左侧[图6.7.4-1(a)]；结合岛式车站设置的单边路侧式有轨电车进口道，车站与有轨电车进口道均应设在机动车交叉口的单侧[图6.7.4-1(b)]。

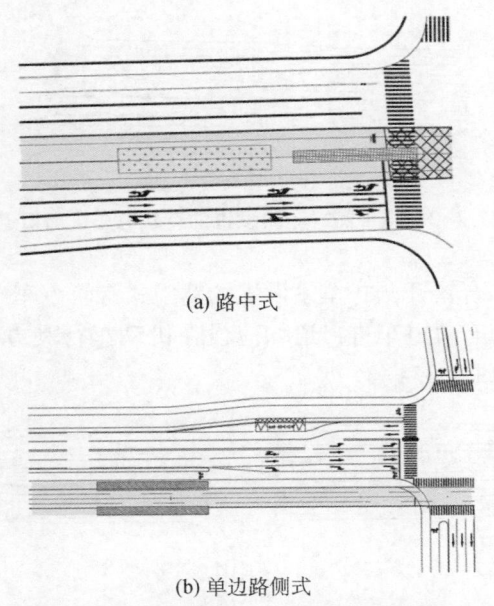

(a) 路中式

(b) 单边路侧式

图6.7.4-1 结合岛式车站设置的有轨电车进出口道示意

2) 结合侧式车站设置的路中式有轨电车进口道和出口道，车站与有轨电车进口道均应设在机动车行驶方向的最左侧[图6.7.4-2(a)]；结合侧式车站设置的路侧式有轨电车进口道和出口道，车站与有轨电车进口道均应设在机动车行驶方向的最右侧[图6.7.4-2(b)]；结合侧式车站设置的单边路侧式有轨电车进口道，车站与有轨电车进口道均应设在机动车交叉口的单侧。

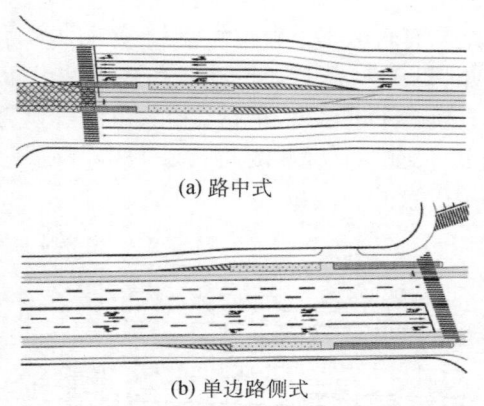

(a) 路中式

(b) 单边路侧式

图 6.7.4-2 结合侧式车站设置的有轨电车进出口道示意

  3）结合错开侧式车站设置的路中式有轨电车出口道，车站与有轨电车进口道均应设在机动车行驶方向的最左侧（图 6.7.4-3）。

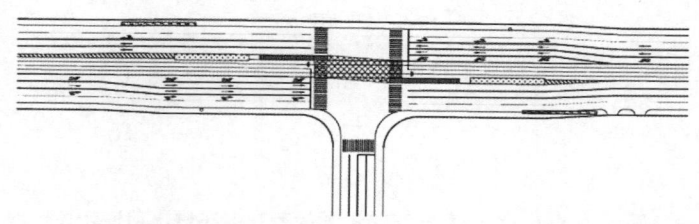

图 6.7.4-3 结合错开侧式车站设置的路中式有轨电车进出口道示意

 4 有轨电车转弯的交叉口转角不宜采用物理三角岛进行几何渠化设计，有轨电车在交叉口的最大转弯角度不宜小于 75°。

 5 设置对向左转、右转与对向左转、双车道左转有轨电车独立车道时需严格校核车辆行驶半径和扫掠轨迹，有轨电车扫掠轨迹之间的最小安全间距不应小于 1 m（图 6.7.4-4）。

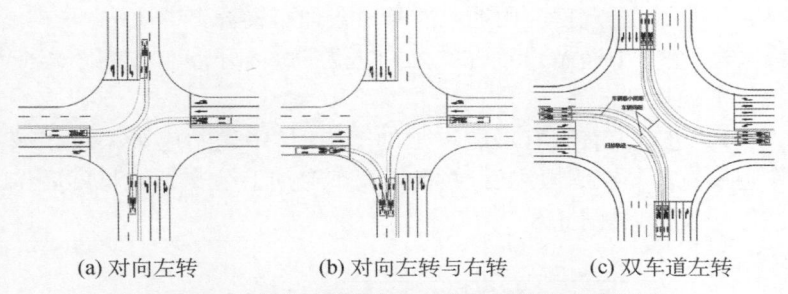

(a) 对向左转　　　(b) 对向左转与右转　　　(c) 双车道左转

图 6.7.4-4　有轨电车各种转弯条件下的安全间距要求

6 有轨电车通行交叉口的非机动车和行人过街的交通设计，应符合下列规定：

1）路侧式有轨电车车道应与非机动车道采取物理隔离。

2）应设置独立的非机动车信号灯，并根据交叉口几何设计、机动车流量大小、非机动车流量大小等，选择合理的非机动车过街方式。

3）应设置独立的行人过街信号灯，并根据交叉口几何设计、机动车流量大小、行人流量大小等，选择合理的行人过街方式。

4）有轨电车通行区域应设置黄色网状线，标示禁止任何原因停车的区域。外围线宽 20 cm，内部网格线与外边框夹角为 45°，内部网格线宽 10 cm，斜线间隔 100 cm～500 cm。

5）有轨电车通行区域边缘宜设置突起路标或轮廓标。

6）在交叉口进口道，应在有轨电车车道内设置停车线。当交叉口内有人行横道时，停车线与人行横道宜保持至少 2 m 的间距。

6.8　公交中途站与出租车候车站设计

6.8.1　应根据公交线路走向、道路类别与所在交叉口交通状况，结合站点类别、规模与用地可能条件合理布置公交中途站。

6.8.2 公交中途站设置在交叉口上游时,离开停车线的距离应符合下列规定:

1 进口道右侧有展宽增加的车道时,中途站应紧跟设在该车道展宽段与交织段之后,并将拓宽车道加上公交站台长度后作一体化设计,见图6.8.2-1。

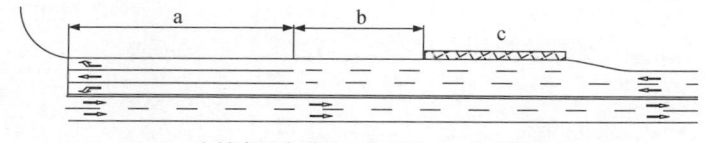

a—右转专用车道;b—交织段;c—公交站台

图 6.8.2-1 进口道有拓宽车道时中途站设置示意

2 进口道右侧无展宽增加的车道时,中途站应紧跟设在右侧车道最大排队长度与交织段之后,见图6.8.2-2。

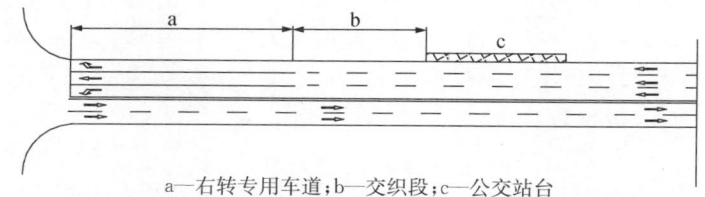

a—右转专用车道;b—交织段;c—公交站台

图 6.8.2-2 进口道无拓宽车道时中途站设置示意

6.8.3 公交中途站设置在交叉口下游时,离开(对向车流进口道)停车线距离:下游右侧展宽增加车道情况下,应设在展宽段向前至少15 m处,但与展宽段的距离不宜超过50 m;在下游右侧不展宽但设中途站时,中途站在干路上距停车线不应小于50 m,支路不应小于30 m,但与停车线的距离不宜超过100 m。密路网条件或短间距交叉口无法满足上述条件时,应结合出口道展宽进行一体化设计。公交中途站的位置选择应考虑与地铁的换乘和接驳,地铁站距离最近的公交中途站距离不宜超过100 m。

6.8.4 直线式中途站站台几何尺寸应符合下列规定:

1 站台宽度:常规公交及公交专用车道不应小于 2 m,当条件受限制时,宽度不得小于 1.50 m;改建及治理交叉口,当条件受限制时,最小宽度不应小于 1.25 m。当快速公交车站台规划布设有售检票设施时,双向共用站台宽度不应小于 5 m,双向分开站台宽度不应小于 3 m。

2 站台长度可按下式确定:

$$L_b = n(l_b + 3) \tag{6.8.4}$$

式中:L_b——站台长度(m);

l_b——公共汽(电)车车辆长度(m);

n——公交中途站同时停靠的公交车辆数,当无实测数据时,取 n=公交线路数+1。

3 站台的高度不宜超过 0.15 m。

6.8.5 港湾式中途站的布设应符合下列规定:

1 港湾式中途站的几何尺寸宜采用图 6.8.5 的规定。

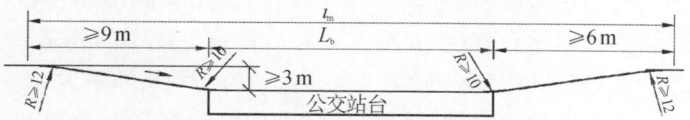

图 6.8.5 港湾式中途站几何尺寸

2 公交中途站的停车范围区分,应按现行国家标准《道路交通标志和标线 第 3 部分:道路交通标线》GB 5768.3 的规定在公交中途站车道与相邻通车车道间设置专用标线。

3 新建交叉口,公交中途站车道宽度应为 3.00 m;改建或治理交叉口,受条件限制时,最窄不得小于 2.75 m;相邻通行车道宽度不应小于 3.25 m。

4 港湾式车站占用人行道时,该段人行道的剩余有效宽度应保证大于行人交通正常通行所需的宽度。剩余人行道有效宽度应大于原有宽度的 60%,且商业性道路的人行道剩余有效宽度不得小于3 m,其他道路的人行道剩余有效宽度不得小于2.5 m。必要时可在中途站局部范围内减窄、减少绿化带或拓宽道路红线。

5 设在机非分隔带边的路侧港湾式中途站,机非分隔带上站台宽度不宜小于1.5 m,如本标准附录N图N-1和图N-2所示。

6.8.6 快速公交停靠站设计应符合下列规定:

1 快速公交站台应与常规公共汽(电)车站分开设置,应设置安全防护设施并应满足无障碍设计的要求;站台应结合人行过街方式同步进行布置。

2 快速公交车道单向只有1条车道时,其停靠站应采用港湾式站台。

3 规划在中央分隔带上的快速公交左侧岛式站台应把两向停靠站设在同一路段;右侧站台除可把两向停靠站设在同一路段外,也可分开设在各向的进口道上。

4 规划在中央分隔带上的快速公交左侧岛式站台应把双向停靠站设在同一位置。

5 规划在路侧的快速公交停靠站可采用相同于公交专用道的设站方式,但站台宽度、长度必须符合快速公交车的要求。

6.8.7 多条公共汽(电)车线路合并设站时应符合下列规定:

1 合并设站线路数应根据公交车到站频率和站台长度及其通行能力确定。

2 一个站台停靠泊位数不应超过3个。

3 一个站台供标准车停站线路数不宜超过6条;铰接车线路不宜超过3条,特殊情况下不应超过4条。

4 当同一中途站台线路数超过本条第3款的规定时,应分开设站,站台总数不宜超过3个;站台间距应不小于25 m。

6.8.8 平面交叉口下游车道数大于其上游车道数的,可在下游右侧车道内,距交叉口转角缘石曲线的端点向下游方向30 m外视情况设置公交中途站。

6.8.9 根据道路等级,交叉口上游车道离转角缘石曲线的端点起向上游方向 80 m～150 m、下游车道离转角缘石曲线的端点起向下游方向 50 m～80 m 的范围内不应设置出租车汽车站点。等级高的道路取上限,等级低的取下限,支路、堵头路可适当放宽限制。

6.8.10 出租车港湾式候客站的平面布局的最低参数要求应符合表 6.8.10 的规定,设置示意图见图 6.8.10 的要求。

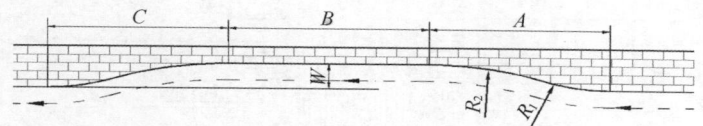

A—驶入渐变段长度;B—停靠区域长度;C—驶出渐变段长度;
R_1—驶入第一转弯半径;R_2—驶入第二转弯半径;W—港湾宽度

图 6.8.10　出租车港湾式候车站几何尺寸

表 6.8.10　港湾式候客站设置参数要求

布局参数类型	R_1(m)	R_2(m)	A(m)	B(m)	C(m)	W(m)
推荐布局参数	15	12	10	$N×6$	7	3
标准布局参数	12	10	9	$N×6$	6	2.5

注:1. 表中 N 值为设置候客泊位数。
　　2. 出租汽车站点候客泊位按照 6 m 的长度设计,停放方式属于平行式、前进停车。
　　3. 此处标准布局参数是按照 30 km/h 行驶速度下的设置参数值。

6.9　行人及非机动车过街设计

6.9.1　人行横道的设置应符合下列规定:

1　信号控制人行横道应采用平行虚线纹或条形纹,无信号控制人行横道应采用条形纹,并在横道线上游设置"注意行人"标志。

2　步行道的转角部分(见图 6.9.1 的 c 部分),长度应不小于 6 m,并应设置护栏等隔离设施。

3　有中央分隔带的道路,横道线的前后应设置隔离设施(见图 6.9.1 的 d 部分)。

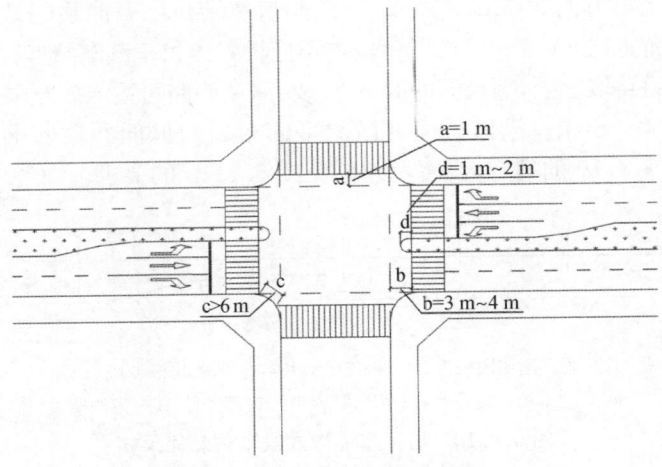

图 6.9.1 人行横道设置示意

6.9.2 人行横道的位置应符合下列规定：

　　1 人行横道应设在车辆驾驶员容易看清楚的位置，与行人的自然流向一致，并宜与车行道垂直。

　　2 人行横道位置应比相交道路人行道的延长线适当后退（见图6.9.1中的a＝1 m部分），在右转机动车容易与行人发生冲突的交叉口，该后退距离宜取3 m～4 m（见图6.9.1的b＝3 m～4 m部分）。

　　3 有中央分隔带的道路，人行横道应设在分隔带端部向后1 m～2 m处。

6.9.3 人行横道的宽度应符合下列规定：

　　1 顺延干路的人行横道宽度不宜小于5 m，顺延支路的人行横道宽度不宜小于3 m，以1 m为单位增加。

　　2 人行横道宽度应根据高峰小时设计行人流量、信号显示时间、人行横道通行能力确定。非信号控制人行横道宽度取3.0 m～5.0 m；信号控制人行横道的宽度由行人信号时间确定，在缺乏行人流量数据时，可取3.0 m～6.0 m。

6.9.4 特殊交叉口人行横道的设置应符合下列规定：

1 Y形交叉口可结合导向岛设置人行横道(图6.9.4-1)，若行人流量较少时，可不设A段人行横道。

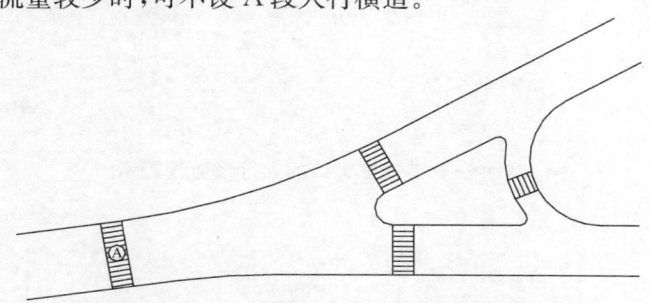

图 6.9.4-1　Y形交叉口人行横道设置示意

2 T形交叉口的人行横道布置可如图6.9.4-2所示，当交通量或行人较少时，可不设A或B段人行横道。

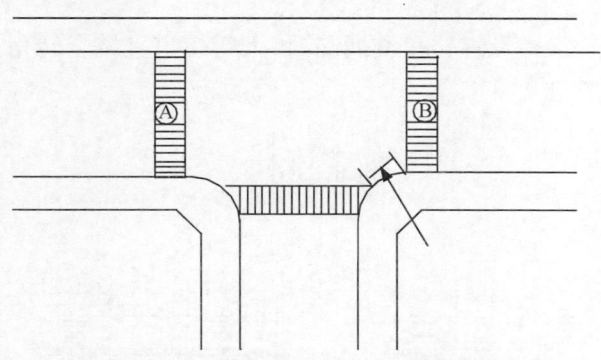

图 6.9.4-2　T形交叉口的人行横道设置示意

3 错位交叉口的人行道布置可如图6.9.4-3所示。当交通量或行人较少时，可不设A或B段人行横道。

4 高架道路下人行横道的设置应避免桥墩遮挡行人对迎面来车的视线，并宜设置行人过街安全岛和专用信号，具体设置方法如图6.9.4-4所示。

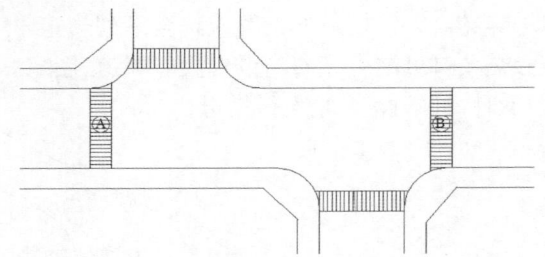

图 6.9.4-3 错位交叉口的人行横道设置示意

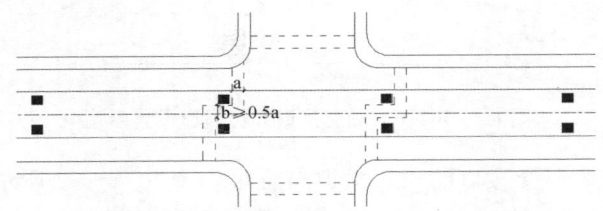

图 6.9.4-4 高架路下的人行横道设置示意

5 交叉口设置转角交通岛时,人行横道宜结合转角交通岛设置(图 6.9.4-5)。

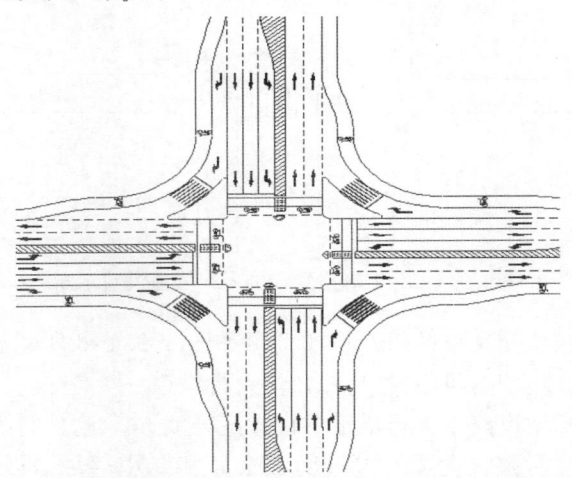

图 6.9.4-5 结合转角交通岛的人行横道设置示意

6.9.5 人行横道及与之衔接的人行道或交通岛交接处应做成无障碍坡道,且坡道不应有高差,不得有任何阻碍行人行走的障碍物,并应符合现行国家标准《建筑与市政工程无障碍通用规范》GB 55019 的相关规定。

6.9.6 人行横道进出口两侧沿路缘石 30 m～120 m 的距离内、相邻两横道线之间以及交叉口转角处,宜设行人护栏,或采用具有分隔作用的灌木带等设施,将行人与车辆在空间上分离;主干路取上限,支路取下限,次干路取中间值。

6.9.7 设置于人行横道中间的安全岛,应在安全岛靠交叉口中心一侧的岛端设保护岛,如本标准附录 M 图 M-3a 所示,保护岛迎车面应设置反光装置,且必须注意避免保护岛影响左转车辆的正常行驶轨迹。

6.9.8 行人过街安全岛的面积为红灯期间行人过街需求量与某级服务水平下行人平均占据空间的乘积。用地条件有限、行人过街安全岛宽度不足时,安全岛两侧人行横道可岔开设置,如图 6.9.8 所示。人行横道岔开的距离为安全岛面积与安全岛宽度之商。

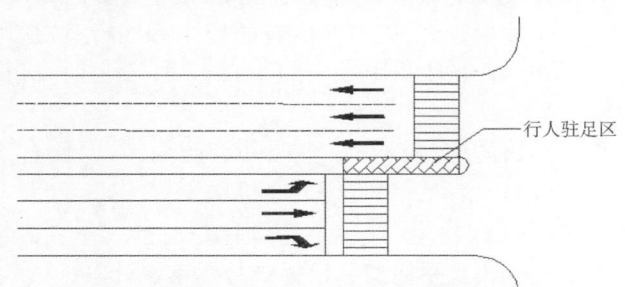

图 6.9.8 人行横道岔开设置示意

6.9.9 行人穿越城市主次干路的流量较大而又不宜设置行人过街天桥或地道的平面交叉口时,可设置行人过街信号,相位时长应根据过街行人所需过街时间而定。

6.9.10 交叉口左转非机动车的流量较大且用地条件许可时,宜采用两次过街的方式处理;左转非机动车待行区的设计,应在面积上满足非机动车停车的需要,保证设置位置安全、符合非机动车行驶轨迹的要求,且不应影响其他各类交通流的通行,如本标准附录 M 图 M-6 所示。

6.9.11 左转非机动车的流量较小时,可利用人行横道两次过街;利用机非分隔带或增设机非分隔带将非机动车引入非机动车横道或人行横道处时,人行横道应相应增加必要的宽度。

6.9.12 非机动车过街设施设计应符合下列规定:

1 过街设施考虑兼顾非机动车推车通过时,一条推车宽度按 1 m 计,天桥或地道净宽按非机动车流量计算增加通道净宽,梯(坡)道的最小净宽为 2 m。

2 考虑非机动车的梯道,应采用梯道带坡道的布置方式,一条坡道宽度不宜小于 0.4 m,坡道位置视方便推车流向设置。

3 梯道宜设置休息平台,考虑非机动车推行时,直梯(坡)平台深度不应小于 2 m。非机动车转向平台宜设不小于 1.5 m 的转弯半径。

4 手推非机动车及童车的坡道坡度不宜大于 1∶4。

5 残疾人坡道的设置应以手摇三轮车为主要出行工具,并考虑坐轮椅者、拄拐杖者、视力残疾者的使用和通行;坡道不宜大于 1∶20,有特殊困难时,不应大于 1∶12;条件不足时,应设置无障碍电梯。

6 郊区道路的非机动车道宜向其右侧偏转,以便右转大型车在转弯时能够较容易看到直行的非机动车。

6.10 平面交叉口标线与标志设计

6.10.1 平面交叉口范围内应设置必要的路面标线并和交叉口精细化设计协调统一,便于使用者理解。

6.10.2 平面交叉口出入部分的路面标线设计应符合下列规定:

1 若通过减小中央分隔带的方式开辟左转专用道,标线设计见图 6.10.2-1,并应布设"鱼肚形"导向标线。

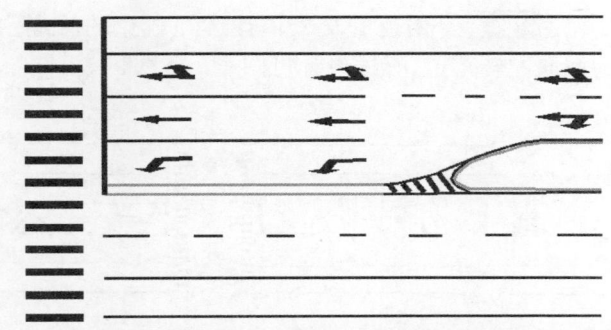

图 6.10.2-1 进口道利用减小中央分隔带开辟左转专用道的标线

2 若通过减小中央分隔带和缩减车道宽度的方式开辟左转专用道,标线设计见图 6.10.2-2,并应布设"鱼肚形"导向标线。

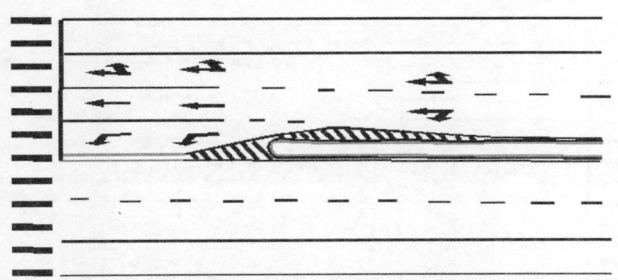

图 6.10.2-2 进口道利用减小中央分隔带和缩减车道宽度开辟左转专用道的标线

3 若通过偏移中心线和缩减车道宽度的方式开辟左转专用道,标线设计见图 6.10.2-3,并应布设"鱼肚形"导向标线。

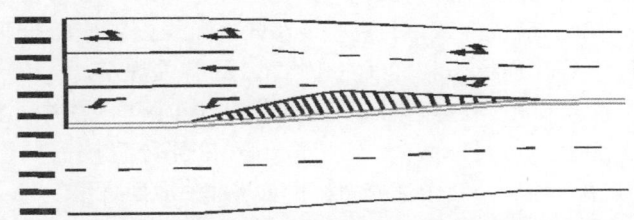

图 6.10.2-3 进口道利用偏移中心线和缩减车道宽度开辟左转专用道的标线

4 若设置左转专用道的交叉口连续在较短的间隔内出现,宜设置为双向左转车道,标线设计见图6.10.2-4。

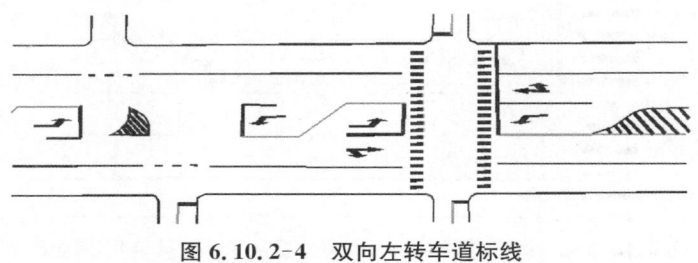

图 6.10.2-4 双向左转车道标线

5 若通过向右展宽设置右专用车道,且左转车道从直行车道分出,标线设计见图6.10.2-5,并应布设"鱼肚形"导向标线。

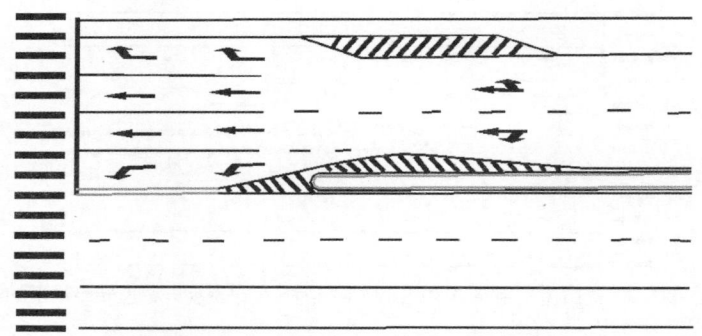

图 6.10.2-5 进口道展宽开辟右转专用道的标线

6 当交叉路口进口道为多车道时,根据交通流向,每条车道宜标有明确的箭头标线,可变进口道交通标线设置应符合现行国家标准《道路交通标志和标线》GB 5768 的有关规定。

7 交叉口范围内应按需要施划非机动车路面图形标记。

8 除上述路面标线外,交叉口出入口部分宜按需要设置公交专用进出口道、公交中途站、停车位等有关地面标线。

9 当某流向车流量随时间波动较大时,根据其时变性,宜用超前提示的可变信息板,动态地显示车道功能,取代地面的车道功能标线。

6.10.3 平面交叉口内的路面标线应符合下列规定:

1 人行横道标线的位置和宽度设计应满足本标准第6.9.1条的规定,尺寸设计应符合现行国家标准《道路交通标志和标线》GB 5768的有关规定。

2 机动车和非机动车的停车线设置应符合下列规定:

 1) 停车线宜垂直车道中心线设置。

 2) 有人行横道时,应设置在人行横道前1 m～3 m的位置;遇畸形交叉口或特殊需要时,停车线宜后退更大的距离。

 3) 停车线位置不宜对相交道路流入的交通流构成影响,当有左转专用车道,且相交道路流入左转交通流的转弯半径较小时,其停车线位置可以较同进口道直行车道的停车线后退1 m～3 m。

3 交叉口内的让行线包括停车让行线和减速让行线两种,具体的设置参数应符合现行国家标准《道路交通标志和标线》GB 5768的相关规定。

4 交叉口内应按需要设置导流线和导向线。

6.10.4 平面交叉口范围内应设置必要的交通标志。平面交叉口范围内交通参与者容易注意到的位置应优先用作标志设置。标志不应与广告混合设置。

6.10.5 平面交叉口范围内交通标志应设置在醒目、没有视线遮挡的适当位置,并避免标志相互遮挡、干扰,保证标志的识认性。

6.10.6 平面交叉口范围内交通标志应综合考虑、合理布局,防止出现信息不足或过载的现象。

6.10.7 平面交叉口范围内标志数量较多时,在不影响标志的视认效果的前提下,交通标志与其他标志宜设置在同一附着物上。

6.10.8 平面交叉口范围内的警告标志设计应符合下列规定:

1 在平面交叉口口驶入路段的适当位置,应设置交叉口标志。
　　2 在下述场合,需要预告前方有人行过街横道,在人行横道前应设置行人警告标志:
　　　　1) 未设交通信号的平面交叉路口;
　　　　2) 虽设信号控制的平面交叉路口,但道路视线条件不好的场合;
　　　　3) 学校校门等人流密集的出入口。

6.10.9 平面交叉口范围内的禁令标志设计应符合下列规定:
　　1 让行交叉口应设置停车让行或减速让行标志。
　　2 平面交叉口采取禁限措施时,宜在交叉口上游提供关于绕行路径的信息,设置的位置宜满足机动车变换车道及路径的需求。
　　3 平面交叉口位于坡道、弯道时,宜设置必要的限速标志。
　　4 除上述禁令标志外,平面交叉口若禁止某些车辆或行人进入、禁止停车、禁止鸣喇叭、限高、限宽、限制质量、限制轴重、解除限速应设置相应的禁令标志。

6.10.10 平面交叉口范围内的指示标志设计应符合下列规定:
　　1 在需要指示车流流向的平面交叉口,宜设置指示交通流向标志。
　　2 在停车、让路标志管制,或有优先区分的平面交叉口,宜在主路道路交叉口进口道设置优先通行标志。
　　3 在无信号控制交叉口,当设置有人行横道时,应相应设置人行横道标志。
　　4 在平面交叉口导向车道之前,应设置车辆行驶方向标志。
　　5 在平面交叉口进出口车道上方,按需要应设置公交专用道、机动车道、非机动车道、快速公交、HOV 专用车道等专用道路指示标志。
　　6 平面交叉口按需要宜设置环岛行驶、单行、步行、禁止鸣喇叭、最低限速、停车位等指示标志。

7 平面交叉口若设置有可变进口道,应设置相应的可变标志来指示进口道。

6.10.11 平面交叉口范围内的指路标志设计应符合下列规定:

1 在干路相交的平面交叉口宜设置交叉口告知标志,其设置的位置与交叉口的距离宜满足车辆变换车道的需求,另宜在指路标志上写明相交道路的名称信息。

2 平面交叉口范围内应设置包含街道名称的标志和路名牌,路名牌宜放置在机非分隔带上,如果条件不允许,也可以放置在人非分隔带上。

3 平面交叉口处的路名牌宜给出附近大型吸引点的信息。

6.10.12 改建、治理规划,检验实际安全视距三角形限界不符合要求时,必须按实有限界所能提供的停车视距限制车速,在交叉口上游布设限速标志。

6.10.13 平面交叉口标线与标志应结合交叉口实际情况和交通流特点配合设计,所有标志和标线的颜色、形状、文字、尺寸、位置等具体设置参数应符合现行国家标准《道路交通标志和标线》GB 5768 的有关规定。

6.11 短间距交叉口协调设计

6.11.1 在道路平均间距小于 200 m 的路网区域进行短间距交叉口设计时,应优先考虑和满足区域路网的交通组织要求,其次再考虑单个交叉口或上下游交叉口的协调设计。

6.11.2 交叉口协调是指交叉口之间交通通畅性的平衡与协调,应通过调节各交叉口的交通流量和通行能力来实现,其主要参考指标应为交叉口饱和度。

6.11.3 当两交叉口距离较近且又都要偏移中心线、进行拓宽进口道的设计时,应将两交叉口进行协调设计,有需求时可在渐变段中央位置设置人行横道,如图 6.11.3 所示。

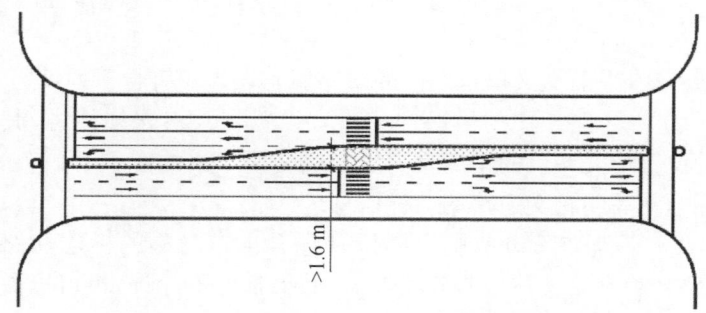

图 6.11.3　短间距交叉口展宽后的协调设计

6.11.4　当两交叉口距离很近,又有大量的车辆经由图 6.11.4 中路线①和路线②通过时,可将相应进口道处左右车道进行置换,同时对左、直、右三股车流都要进行信号控制,且必须提前给出提示标志。

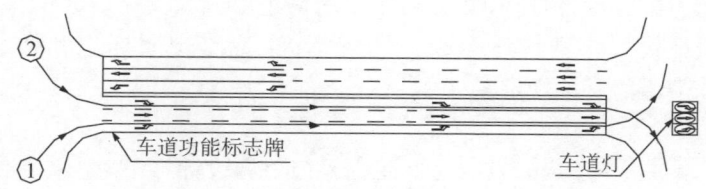

图 6.11.4　短间距交叉口左右车道置换

6.12　平面交叉口竖向设计

6.12.1　交叉口竖向设计应使相交道路在交叉口范围内为最平顺的共同曲面;人行道各点标高应与周围建筑物进出口标高相协调。

6.12.2　交叉口竖向规划宜以相交道路中线交点的标高作为控

制标高。交叉口范围内其他各要点的标高应按控制标高及相交道路的纵坡与横坡综合确定,并满足超高设置要求。

6.12.3 平面交叉口范围内的纵坡宜小于2%。

6.12.4 当交叉口范围内的纵坡大于或等于3%时,交叉口应设置信号控制,并应设置行人和非机动车过街信号控制。

6.12.5 交叉口竖向设计应满足现行行业标准《城市道路交叉口设计规程》CJJ 152中交叉口竖向设计和雨水排水加密规定。

6.12.6 如交叉口有快速公交、有轨电车等特殊车辆通行,其竖向设计还应满足特殊车辆通行的技术要求。

6.13 平面交叉口附近公共交通出入口设计

6.13.1 平面交叉口附近的轨道交通出入口及出入其通道应与平面交叉口的行人过街设施配合,同时满足行人过街的要求。通道或出入口的通行能力应与过街人流需求相协调,并保证必要的集散空间。

6.13.2 平面交叉口附近若设置有轨道交通出入口,宜结合实际需求和用地条件设置非机动车停放点,并充分考虑周边公交换乘站点设置需求。

6.14 平面交叉口交通安全设计

6.14.1 平面交叉口交通安全性设计应通过交通组织、渠化等在空间上降低平面交叉口冲突点的数量,应通过交通控制在时间上减少交叉口冲突点的数量。

6.14.2 应设置限速标志标线,控制车辆在交叉口范围内的速度。

6.14.3 应通过渠化、交通岛、提供变速车道、安装交通控制设备等方式降低车辆在合流、分流、交织时的相对速度差,并宜保证两车流相交的角度不小于90°。

6.14.4 为保证车辆能安全通过平面交叉口，驾驶员必须在进入交叉口前一定距离能确认交叉口的存在，并能看清交叉口处的交通信号和交通标志等。该视认距离应根据设计车速计算确定。

6.14.5 交叉口范围内应根据通行安全需求和交通管理需求设置必要的交通安全设施，如隔离保护设施、警示标志标线、警示灯等。

6.15 平面交叉口无障碍设计

6.15.1 平面交叉口范围内的缘石坡道设计，应按现行国家标准《建筑与市政工程无障碍通用规范》GB 55019 执行，并应符合下列规定：

 1 平面交叉口必须设缘石坡道。

 2 缘石坡道应设在人行道的范围内，并应与人行横道相对应。

 3 缘石坡道可分为单面坡缘石坡道和三面坡缘石坡道，单面坡缘石坡道和三面坡缘石坡道设计应符合现行国家标准《建筑与市政工程无障碍通用规范》GB 55019 的有关规定。

 4 缘石坡道的坡面应平整，且不应光滑。

6.15.2 在平面交叉口范围内布设无障碍坡道时，应设置必要的隔离设施，防止机动车占用坡道或利用其驶入人行道，且隔离设施间距不大于 1.2 m。

6.15.3 平面交叉口范围内的人行道盲道设计、人行横道盲道设计、公交站范围内的盲道设计、人行天桥和人行地道盲道与坡度设计应符合现行国家标准《建筑与市政工程无障碍通用规范》GB 55019 的有关规定。

6.16 平面交叉口附近快速路进出口设计

6.16.1 高架道路、地道或互通式立交的出口匝道,出口段离下游交叉口进口道展宽渐变段起点距离不足 100 m 且使匝道车流与干道车流换车道交织有困难时,可在交叉口进口道部分分别设置地面进口道展宽和匝道延伸部分的展宽,并分别设置干路与匝道延伸部分左转车道、直行车道和右转车道。对此类进口道的信号相位可采用双向左转专用相位、禁左以及左转远引式掉头方式。

6.16.2 高架道路、地道或互通式立交的入口匝道,入口段与上游交叉口出口道展宽渐变段起点的距离不足 80 m 且出口道易发生阻塞时,应对在出口道处存在交织的流入车流进行信号控制,使其交替获得通行权。

6.17 平面交叉口静稳化设计

6.17.1 居住地块集聚地区周边道路的平面交叉口宜采用静稳化设计。

6.17.2 车流量较小、以慢行交通为主的支路汇入交通性道路时,交叉口宜采取连续人行道铺装替代人行横道。

6.17.3 对于无信号控制交叉口或相交道路进行右进右出组织时,宜在上游设置必要的减速设施,保证通行车流安全、低速通过。

6.17.4 车流量较少及人流量较高的支路交叉口,宜采用特殊材质进行人行道铺装,可将车行路面抬高至人行道标高,进一步提高行人过街的舒适性。

6.17.5 交通静稳化措施应与交通宣传教育、执法、标志标线、交通组织等手段相结合,以取得更佳效果。静稳化措施应符合现行上海市工程建设规范《城市居住区交通组织规划与设计标准》DG/TJ 08—2027 的相关规定。

6.17.6 交通静稳化措施必须配合设立全天候的交通标志或提示。

6.17.7 采用交通静稳化措施后必须保证道路拥有足够的安全视距,应满足消防、抗震、救护等特种车辆的通行要求。

7 平面交叉口交通管理设施及附属设施设计

7.1 一般规定

7.1.1 平面交叉口交通管理设施设计对象包括交通控制信号灯具和杆件、交通岛、交通标志杆件、隔离设施等。平面交叉口附属设施设计对象包括排水、照明、绿化、街具、景观及环保设施等。

7.1.2 交通管理及附属设施必须与平面交叉口同步设计;新建交叉口应按本标准规定设计,改建及治理交叉口宜按本标准设计。

7.1.3 应根据交叉口类型和建设条件,开展交叉口街道空间设计,营造安全、整洁的交叉口环境。交叉口设施的布置不应妨碍交通流的安全性与通行效率。

7.1.4 交通管理及附属设施应避让交叉口无障碍设施,且设施预埋基础不得高出路面设计施工的相关规定。

7.2 交通管理设施设计

7.2.1 平面交叉口交通信号灯的设置应符合现行国家标准《道路交通信号灯设置与安装规范》GB 14886 和《道路交通信号灯》GB 14887 的有关规定。

7.2.2 有转弯专用车道和转弯专用相位信号控制的干路上,应按相位分别设置信号灯。

7.2.3 信号灯的设置,应包括机动车信号灯、行人信号灯和非机动车信号灯。当非机动车交通流可与行人交通流同样处理时,可装非机动车、行人共用信号灯。

7.2.4 机动车信号灯杆可设置在中央分隔带或者机非分隔带上。若交叉口范围大于50 m,则每一机动车信号灯应安装2组信号灯具,一组面向交叉口,作为对向进口道的远灯,一组背向交叉口,作为本进口道的近灯,以防前面停止的大车遮挡后面小车的视线;若交叉口范围小于50 m,则每一机动车信号灯可安装1组远灯。

7.2.5 行人过街信号灯应设置在车流的上游方向,使行人能够同时观察到行人过街信号与上游驶来的机动车。

7.2.6 在中央分隔带上设置行人驻足区时,应在行人驻足区加设行人信号灯。

7.2.7 信号灯杆件与标志杆件在有条件时必须合杆,但杆上的标志数目不得多于现行国家标准《道路交通标志和标线》GB 5768的有关规定。

7.2.8 车道功能布局标志应设置于上游明确划分进口道车道功能的起点,宜设置在对应车道的上方。如果进口道宽度较窄,可在进口道两侧安装信号灯。左弯待转区在视线不好的情况下,宜加1组对着待转区的左转灯。

7.2.9 当进口道设置可变车道时,可变信息板宜设置在第一次明确划分进口道车道功能的地点之外;可变车道功能标志应设置在可变车道上方;进口道应按不同车道分别设置信号灯控制。

7.2.10 按照多杆合一、多箱合一的要求,对各类杆件、机箱、配套管线、电力和监控设施等进行集约化设置,实现共建共享、互联互通。综合杆以及杆上设施、综合机箱和各类街具等应进行系统设计,与道路环境景观整体协调。

7.2.11 平面交叉口渠化设计应统筹考虑交通管理设施的布置。宜通过物理渠化保障非机动车与行人一体化通过交叉口,确保大型车辆右转不影响非机动车和行人的安全。

7.2.12 机动车标志杆件应设置在机非分隔带上,无机非分隔带时设置在人行道设施带内。综合机箱宜布设在公共设施带、路边绿化带内,不应布设于路口人行道、居住小区和商业设施等进出口处,不应影响道路交通。综合杆布设于公共设施带内时,宜中心对齐布设,并距离路缘石内边线 0.4 m。其他杆件可参照执行。

7.2.13 交通信号灯及标志牌设置应充分考虑与周边绿化设施的前后位置关系,避免被绿化和树木遮挡(图 7.2.13)。

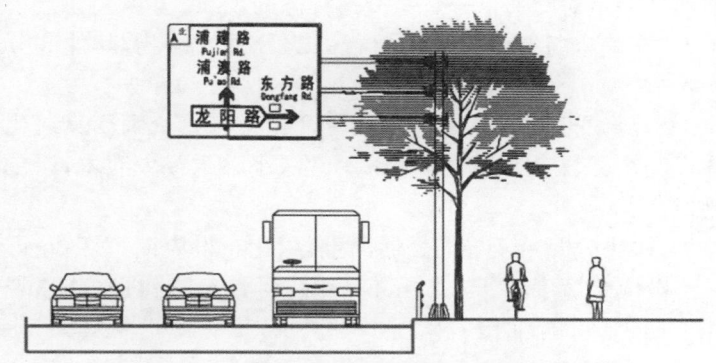

图 7.2.13 标志牌避免被绿化树木遮挡示意

7.3 道路交叉口绿化及附属设施设计

7.3.1 平面交叉口设计应考虑景观、绿化等非交通功能。非交通功能设计宜与交通功能设计相结合。

7.3.2 作为城市地标的平面交叉口应进行景观设计。景观设计应与城市特点及形象协调、统一。

7.3.3 平面交叉口绿化设计应结合交叉口交通情况,合理权衡绿化空间和通行空间,在保证交叉口通行安全和通行效率的前提下,美化通行环境。

7.3.4 严禁在布置机动车交通标志的绿化带上设置广告牌。

7.3.5 垃圾桶、信号机等设施,应布置在人行道设施带内,并不得占用行人通行空间,不得影响行人空间的连续性。

7.3.6 平面交叉口绿化布设应符合下列规定:

1 平面交叉口视距三角形范围内导向岛以及在停车视距范围内的分隔带上的绿化高度不应高于路面 60 cm,且绿化布置不得影响行人过街;交叉口视距范围内不应种植行道树,必须种植时,应加大种植间距,行道树的树干及枝叶不得侵入道路界限,不得遮挡驾驶员对交通信号灯与交通标志的视线。

2 在安全岛上可对行人通行的部分进行铺装,其他部分可种植草皮。

3 环形交叉口中心岛主要功能是组织环形交通。其绿化应以布设花草坪、花坛为主,不得采用常绿小乔木或大灌木,以免影响视线。

4 中央分隔带及导向交通岛上,绿化布设应以草坪、花坛为主。当分隔带宽度小于 2.5 m 时,不应种植行道树;当分隔带小于 1.5 m 时,可不种植绿化。

5 平面交叉口的绿化应起到夏季遮阳、交通诱导、防护隔离、吸尘降噪、美化环境的作用,绿化设计应符合现行行业标准《城市道路绿化规划与设计规范》CJJ 75 的有关规定。

7.3.7 城市道路平面交叉口应设置不低于相交道路路段照明标准的照明设施,事故多发处应提高照明标准。照明设施不得影响交通信号灯、标志等交通设施。

7.3.8 平面交叉口照明的布设应有利于驾驶员看清交叉口的交通状况,车行道路面、人行道、交通岛、分隔带均应达到一定的照度,布置在交叉口的灯具的光源色调可有别于布置在路段的灯具的光源色调,并采取不同于路段的灯具型式和排列方式。平面交叉口照明设计应符合现行行业标准《城市道路照明设计标准》CJJ 45 的有关规定。

8 平面交叉口交通信号配时设计

8.1 定时交通信号配时设计的内容与程序

8.1.1 单个交叉口定时交通信号配时设计内容应包括确定多段式信号配时时段划分、配时时段内的设计交通量、初始试算周期时长和交通信号相位方案、信号周期时长、各相位信号配时绿信比、估评服务水平及绘制信号配时图。

8.1.2 改建、治理交叉口配时设计程序应符合图 8.1.2 的规定。

8.1.3 新建交叉口,在缺乏交通量数据的情况下,十字形交叉口可先按表 8.1.3 所列进口道车道数与渠化方案选取初步试用方案;T 形交叉口可先用三相位信号,再根据通车后实际交通各流向的流量调整渠化及信号相位方案。

表 8.1.3 新建十字形交叉口建议试用方案

一条道路进口道车道数	相交道路进口道车道数	信号相位方案
3	≥3	4
3	2	3
3	1	2
2	2	2
2	1	2
1	1	—

8.1.4 行人过街信号设置应符合下列规定:

1 行人过街信号可分为定时信号和不定时按钮信号两类;行人过街信号相位应同车辆信号相位相协调;人行横道中间设有安全岛时应设置独立行人过街信号灯,并与机动车信号相位相协

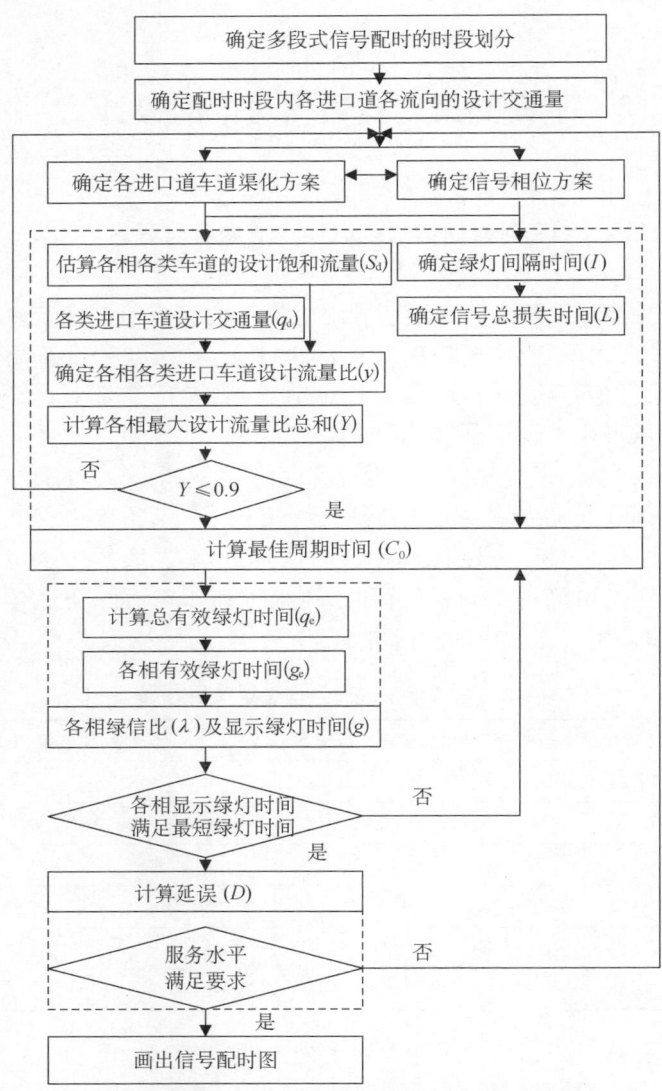

图 8.1.2 改建、治理交叉口配时设计程序

调,进行行人二次过街信号相位的设置。

2 行人过街绿灯时长不得小于行人安全过街所需的时间,红灯时长不应超过行人能够忍受的等候时间(约 60 s)。

3 在商业大街或休闲街道交叉口,各方向过街行人众多,为方便行人过街,可采用各方向行人全绿专用相位。

8.2 定时交通信号配时设计的时段划分

8.2.1 单个交叉口定时交通信号配时应按每天交通量的时变规律采用多段式信号配时。

8.2.2 分段视实际情况,可从早高峰时段、下午高峰时段、晚高峰时段、早低峰时段、晚低峰时段、中午低峰时段及一般平峰时段等各时段中选取。

8.2.3 各时段信号配时方案,应按所定不同时段中的设计交通量分别计算。

8.3 定时交通信号配时设计的设计交通量

8.3.1 信号配时设计的设计交通量,应按各配时时段内交叉口各进口道不同流向分别确定。

8.3.2 交叉口各进口道不同流向的设计交通量,应取各配时时段中由高峰小时中最高 15 min 流率换算得到的小时交通量,宜用实测数据,按下式计算:

$$q_{d_{mn}} = 4 \times Q_{15\,mn} \qquad (8.3.2\text{-}1)$$

式中:$q_{d_{mn}}$ ——配时时段中,进口道 m、流向 n 的设计交通量(pcu/h);

$Q_{15\,mn}$ ——配时时段中,进口道 m、流向 n 的高峰小时中最高 15 min 的流率(pcu/15 min)。

无最高 15 min 流率的实测数据时,可按下式估算:

$$q_{d_{mn}} = \frac{Q_{mn}}{(PHF)_{mn}} \quad (8.3.2-2)$$

式中：Q_{mn} ——配时时段中，进口道 m、流向 n 的高峰小时交通量（pcu/h）；

$(PHF)_{mn}$ ——配时时段中，进口道 m、流向 n 的高峰小时系数，主要进口道可取 0.75，次要进口道可取 0.8。

8.4 交通信号相位设定

8.4.1 信号相位必须同交叉口进口道车道渠化（即车道功能划分）方案同时设定。

8.4.2 信号相位对应于左、右转弯交通量及其专用车道的布置，常用基本方案可采用图 8.4.2 所示方案。

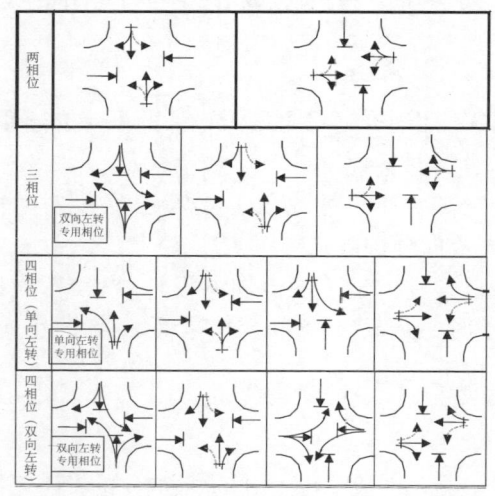

图 8.4.2 常用信号相位基本方案

注：➡ 表示：①该相位左转车应让直行车先行，即在直行车空档及末尾时允许左转车通行；②该相位左转车和右转车应礼让行人。

8.4.3 有左转专用车道时,根据左转流向设计交通量计算的左转车每周期平均达到 10 辆时,宜用左转专用相位。

8.4.4 同一相位各相关进口道左转车每周期平均到达量相近时,宜用双向左转专用相位;否则,宜用单向左转专用相位。

8.4.5 快速路匝道设立信号灯时,可采用两相位信号控制方案,即绿灯时允许机动车进入匝道、红灯时机动车需在停止线等待。

8.4.6 快速路下匝道车辆与地面道路(或辅路)车辆交织而导致匝道排队延伸至快速路主路的,可采用图 8.4.6 所示方案,在下匝道和地面道路增设停车线和信号灯,使下匝道车辆与地面道路车辆交替放行,控制下匝道排队不影响快速路主路的通行。

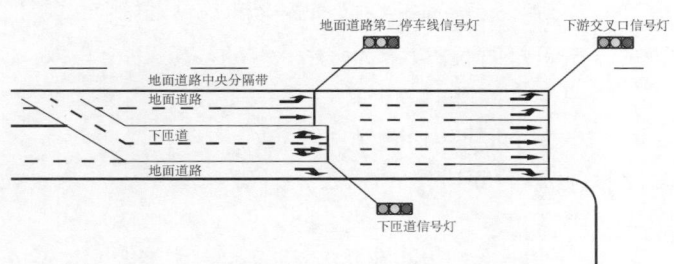

图 8.4.6　快速路下匝道信号控制

8.4.7 信号控制交叉口设置中运量公交线路专用信号控制方案时,为保证公交优先效果,应依据中运量公交车的到达情况灵活调整相位。若中运量公交线路方向为直行,宜与同向直行同时放行,也可与同向左转同时放行,构成单向左转专用相位;若中运量公交线路方向为左转,宜与同向左转同时放行,也可与同向直行同时放行,构成单向左转专用相位。

8.5 信号周期时长

8.5.1 最小信号周期时长应按式(8.5.1)计算：

$$C = \frac{L}{1-Y} \tag{8.5.1}$$

8.5.2 信号总损失时间应按式(8.5.2)计算：

$$L = \sum_k (L_s + I - A)_k \tag{8.5.2}$$

式中：L_s ——起动损失时间，应实测。应充分考虑行人通行导致的车辆让行队列清空时间。无实测数据时，一般可取 3 s，预测行人过街较多的交叉口应适当增加。

A ——黄灯时长，可定为 3 s。

I ——绿灯间隔时间(s)。

k ——一个周期内的绿灯间隔数。

8.5.3 绿灯间隔时间应按式(8.5.3)计算：

$$I = \frac{z}{u_a} + t_s \tag{8.5.3}$$

式中：z ——停车线到冲突点的距离(m)；

u_a ——车辆在进口道上的行驶车速(m/s)；

t_s ——车辆制动时间(s)。

当计算绿灯间隔时间 $I < 3$ s 时，可配以黄灯时间 3 s；$I > 3$ s 时，其中 3 s 可配以黄灯，其余时间可配以红灯。

8.5.4 流量比总和应按式(8.5.4)计算：

$$Y = \sum_{j=1}^{j} \max[y_j, y'_j, \cdots] = \sum_{j=1}^{j} \max\left[\left(\frac{q_d}{S_d}\right)_j, \left(\frac{q_d}{S_d}\right)'_j, \cdots\right] \quad (Y \leqslant 0.9) \tag{8.5.4}$$

式中:Y ——组成周期的全部信号相位的各个最大流量比 y 值之和;
   j ——一个周期内的相位数;
   y_j ——第 j 相位的流量比;
   q_d ——设计交通量(pcu/h);
   S_d ——设计饱和流量(pcu/h)。

当计算所得 Y 值大于 0.9 时,应改进进口道设计或/和信号相位方案,重新设计。

8.5.5 设计饱和流量按本标准附录 B 方法确定,现场实测方法见本标准附录 F,可利用本标准附录 K、L 算表计算。

8.6 信号配时及绿信比

8.6.1 每周期的总有效绿灯时间可按式(8.6.1)计算:
$$G_e = C_0 - L \tag{8.6.1}$$

8.6.2 各相位的有效绿灯时间可按式(8.6.2)计算:
$$g_{ej} = G_e \frac{\max[y_j, y'_j, \cdots]}{Y} \tag{8.6.2}$$

8.6.3 各相位的绿信比可按式(8.6.3)计算:
$$\lambda_j = \frac{g_{ej}}{C} \tag{8.6.3}$$

8.6.4 各相位的实际显示绿灯时间可按式(8.6.4)计算:
$$g_j = g_{ej} - A_j + l_j \tag{8.6.4}$$
式中:l_j —— 第 j 相位起动损失时间(s)。

8.7 最短绿灯时间

8.7.1 最短绿灯时间可按式(8.7.1)计算:

$$g_{\min}=7+\frac{L_p}{V_p}-I \qquad (8.7.1)$$

式中：L_p ——行人横道长度(m)；

V_p ——行人过街步速，取 1.0 m/s；

I ——绿灯间隔时间(s)。

8.7.2 当计算的显示绿灯时间小于相应的最短绿灯时间时，应延长计算周期时长（以满足最短绿灯时间为度），重新计算。可利用本标准附录 H 算表计算。

8.8 服务水平评估

8.8.1 以平均停车延误作信号平面交叉口设计与交通信号配时的服务水平的评价指标，平均停车延误应按本标准附录 D 方法利用附录 J、K、L 算表计算。

8.8.2 信号交叉口设计与交通信号配时的服务水平，应根据计算的平均停车延误，按本标准表 9.3.2 确定。

8.8.3 设计服务水平，新建、改建交叉口不得低于 D 级，治理交叉口不宜低于 E 级。

8.8.4 服务水平不合格时，必须改变各进口道设计或/和信号相位方案，重新设计。

8.9 信号配时图

8.9.1 以上信号配时设计结果，可用信号配时图集中表达，如图 8.9.1 所示。

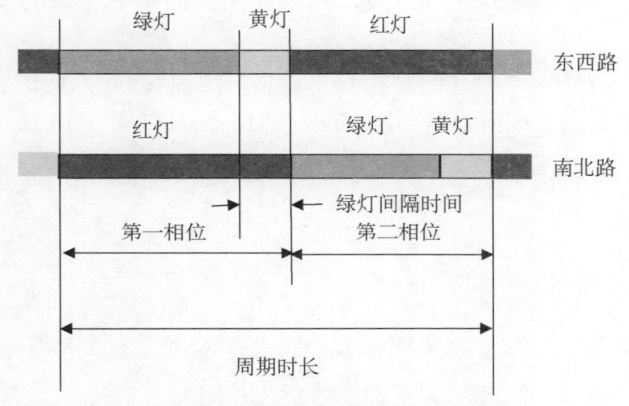

图 8.9.1 信号配时图

8.10 有轨电车通行的交叉口信号配时

8.10.1 有轨电车通行的交叉口的信号控制应遵循以下基本原则：

1 应综合分析和权衡交叉口各股交通流的利益，因地制宜、区别化、系统性、精细化地确定控制方案，保证交通安全，降低交叉口延误，提高交叉口通行能力，改善路网交通流的通行质量。

2 应充分考虑有轨电车的优先，并保护行人和非机动车的通行安全，提高行人和非机动车的过街舒适性。

3 在选用有轨电车信号控制系统时，应注重实用性和经济性，进行技术经济分析。

8.10.2 有轨电车通行的交叉口信号周期最大不得高于180 s，非机动车、行人的最大等待时间不应超过90 s。

8.10.3 有轨电车通行的道路交叉口，信号相位应在综合考虑交叉口形式(十字形交叉、T形交叉、多路交叉、畸形交叉等)、有轨电车断面布局形式(中央布局、两侧布局、一侧布局)、交通流特征

(机动车、非机动车、行人交通特征)等因素的基础上进行集约化设计。

1 路中直线形式的有轨电车进出口道,宜与同方向的直行社会机动车在同一相位,且与同方向左转相位分离(图8.10.3-1)。

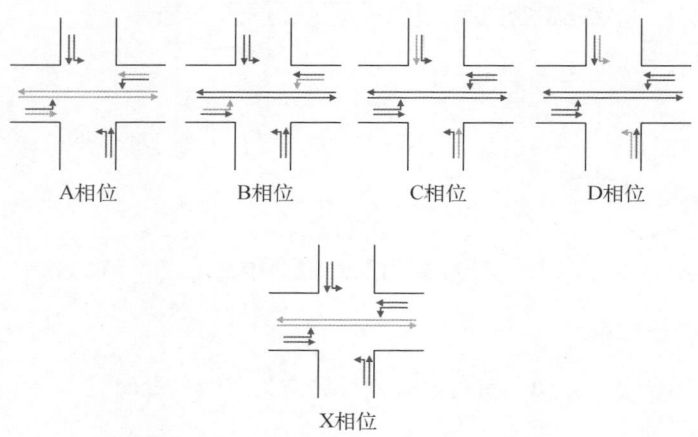

图 8.10.3-1　路中直线形式交叉口相位设计

2 路侧直线形式的有轨电车进出口道,宜与同方向的直行社会机动车在同一相位,且与同方向左转相位分离(图8.10.3-2)。

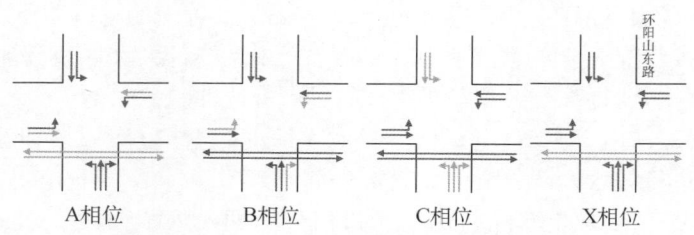

图 8.10.3-2　路侧直线形式交叉口相位设计

3 路侧转路中形式的有轨电车进出口道,有轨电车转弯与原有所有相位都有冲突,宜设置有轨电车独立 X 相位(图8.10.3-3)。

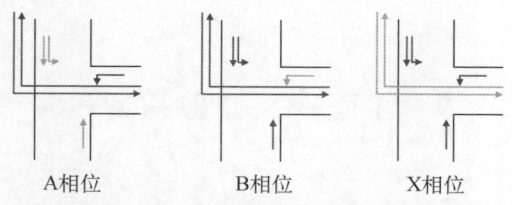

图 8.10.3-3 路侧转路中形式交叉口相位设计

4 路中转弯形式的有轨电车进出口道,宜与 D 相位左转社会机动车在同一相位,且交叉口所有进口道的直行和左转相位应当分离(图 8.10.3-4)。

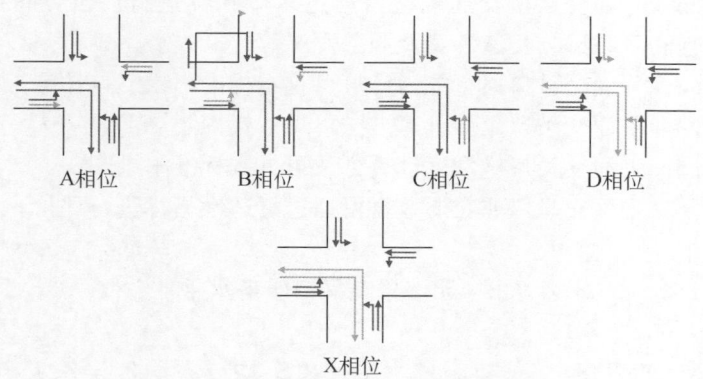

图 8.10.3-4 路中转弯形式交叉口相位设计

5 路侧右进右出形式的有轨电车进出口道,有轨电车没到达时无需控制,右进右出为长绿;有轨电车到达时插入独立 X 相位(图 8.10.3-5)。

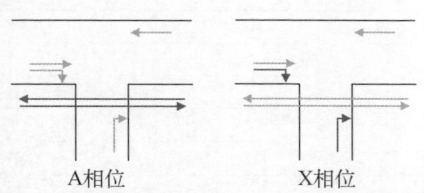

图 8.10.3-5 路侧右进右出形式交叉口相位设计

9 平面交叉口效益评价

9.1 平面交叉口效益评价方法

9.1.1 平面交叉口效益评价应对其交通效益和非交通效益两方面进行评价。

9.1.2 平面交叉口交通效益可通过多个指标进行评价:通行能力、饱和度、延误、交通冲突及服务水平等。

9.1.3 平面交叉口通行能力计算可见本标准附录B与附录C。

9.1.4 平面交叉口延误计算方法可见本标准附录D。

9.1.5 平面交叉口饱和度计算方法可见本标准附录E。

9.1.6 平面交叉口非交通效益可通过舒适性指标进行评价。

9.2 无信号交叉口服务水平

9.2.1 无信号交叉口服务水平应以车均或人均延误作为衡量指标。

9.2.2 机动车及非机动车平均停车延误数值与无信号交叉口服务水平的对应关系可采用表9.2.2选取。

表9.2.2 无信号交叉口机动车及非机动车服务水平

服务水平	车均停车延误(s)
A	≤10
B	11~20
C	21~30
D	31~40
E	>40

9.2.3 行人平均过街延误数值与无信号交叉口服务水平的对应关系可采用表 9.2.3 选取。

表 9.2.3 无信号交叉口行人服务水平

服务水平	人均延误(s)
A	≤14
B	15~26
C	27~37
D	>37

9.3 信号交叉口服务水平

9.3.1 平面交叉口规划阶段宜采用饱和度作为信号交叉口服务水平的评价指标,服务水平分级列于表 9.3.1。

表 9.3.1 信号交叉口服务水平

服务水平	饱和度
A	≤0.6
B	0.6~0.7
C	0.7~0.8
D	0.8~0.9
E	0.9~1
F	>1

9.3.2 平面交叉口设计阶段宜采用延误作为信号交叉口评价指标,该延误是高峰 15 min 分析期间的交叉口平均信号控制延误。

1 机动车及非机动车平均信控延误(简称"车均信号延误")与服务水平的对应关系可采用表 9.3.2-1 表示。

表 9.3.2-1　信号交叉口机动车及非机动车服务水平

服务水平	车均信号延误(s/辆)
A	≤10
B	11~20
C	21~35
D	36~55
E	56~80
F	>80

　　2　行人平均过街延误数值与服务水平的对应关系可采用表 9.3.2-2 选取。

表 9.3.2-2　信号交叉口行人服务水平

服务水平	人均信号延误(s)
A	≤10
B	11~20
C	21~30
D	31~40
E	41~60
F	>60

9.4　交叉口安全评价

9.4.1　在条件允许的情况下,平面交叉口安全评价指标可选取交叉口范围内实际交通事故数据进行评价,如结合事故发生率、事故严重程度等综合确定交叉口安全水平。

9.4.2　在平面交叉口历史事故数据缺乏的条件下,可进行潜在交通安全性评价,主要从交通行驶特征(包括速度分布特征、车辆加减速特征、车辆轨迹特征等)、交通冲突特征以及交通运行环境

(包括视距条件、标志标线条件、照明条件等)等方面进行评价。

9.4.3 可通过表征交通冲突特征的交通安全度对交叉口安全进行定量评价,平面交叉口安全度指标计算方法见本标准附录P。

9.4.4 对于交叉口事故数据显著高于、平面交叉口安全度显著低于同类型(包括交叉口形式、控制形式、流量水平等)交叉口平均值的交叉口,或者实际道路设施使用者遵章通行时安全受到其他道路使用者的威胁,应通过对应的交通管控措施和设计方法对交叉口进行改建。

9.4.5 慢行交通出行者在交叉口范围内的安全性与隔离形式、机动车流量、行车速度等因素相关,可综合考虑上述因素评价其安全性。

9.5 交叉口舒适性评价

9.5.1 平面交叉口舒适性评价应包括对机动车驾驶员和乘客的舒适性评价、慢行交通出行者的舒适性评价。

9.5.2 机动车驾驶员和乘客的舒适性主要指机动车通过交叉口范围的主观感受,可通过二次停车率进行评价。二次停车率的计算方法如下:

$$R = 0.15 + 7.5y - 7.2\lambda \qquad (9.5.2)$$

式中:y 为流量比,λ 为绿信比,$0.9 \leqslant y/\lambda \leqslant 1.1$。

表 9.5.2 基于交叉口二次停车率的评价指标建议值

指标级别	二次停车率
A	<15
B	16~30
C	31~45
D	46~60
E	<60

9.5.3 慢行交通出行者在交叉口范围内的舒适性与过街等候区域的人均面积、过街组织方式及绕行距离、隔离方式、静稳化设计、交叉口环境(照明、空气质量、噪声、交通标识可视性等)等因素相关,可综合考虑上述因素来定性评价其舒适性。

附录 A 交叉口设计基本参数汇总表

表 A.0.1 交叉口设计基本参数调查汇总表

项目	道路名或进口道			
	进口道	进口道	进口道	进口道
道路等级				
车道数				
设计车速(km/h)				
设计车辆				
红线宽度(m)				

表 A.0.2 平面交叉口规划与设计基础道路交通资料汇总表

	资料类别	摘要
交通状况	分流向、车种的小时交通量	早高峰时段 15 min 高峰交通量,必要时用 2 h～3 h 或 12 h 交通量,车种分为大型车与其他两类。必要时,包括相邻交叉口及附近支路的交通量
	非机动车交通量	
	行人交通量	
	交通事故记录	
	交通规划状况	
	交通控制状况	

续表A.0.2

	资料类别	摘要
道路状况	道路网形态	
	地形、地貌	
	道路现状	
	大规模交通产生设施、公共设施分布	

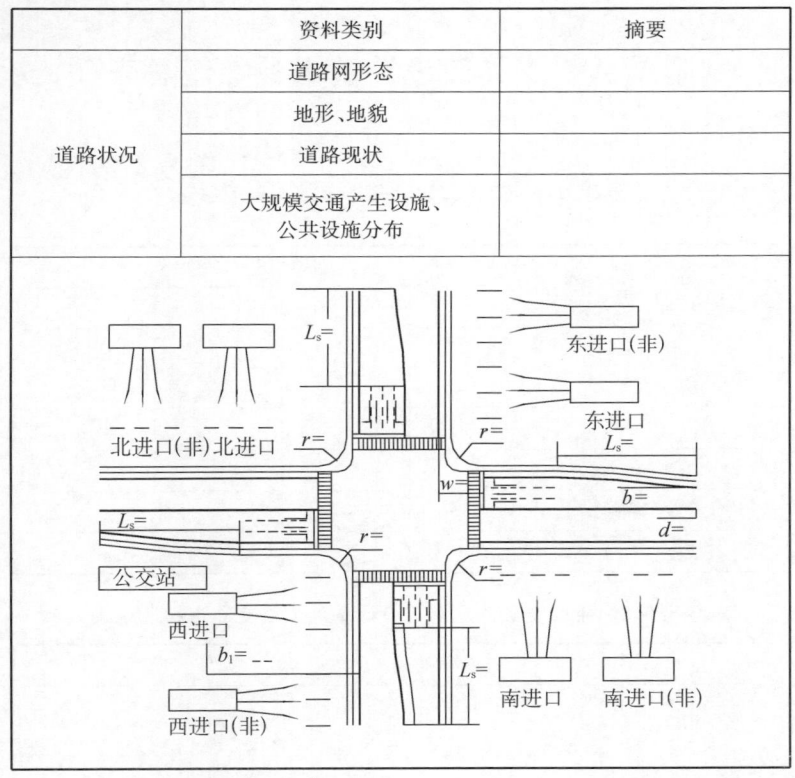

附录 B 信号交叉口通行能力与饱和流量

B.1 信号交叉口通行能力估算方法

B.1.1 信号交叉口通行能力应分别按交叉口各进口道估算,以小车当量单位计。

B.1.2 信号交叉口一条进口道的通行能力是此进口道上各条进口车道通行能力之和,即进口道通行能力可按式(B.1.2)计算:

$$CAP = \sum_i CAP_i = \sum_i S_i \lambda_i = \sum_i S_i \left(\frac{g_e}{c}\right)_i \quad (B.1.2)$$

式中:CAP_i——第 i 条进口车道的通行能力(pcu/h);
S_i——第 i 条进口车道的饱和流量(pcu/h);
λ_i——第 i 条进口车道所属信号相位的绿信比;
g_e——该信号相位的有效绿灯时间(s);
C——信号周期时长(s)。

B.2 饱和流量

B.2.1 饱和流量是指在一次连续的绿灯信号时间内,进口道上一列连续车队能通过进口道停车线的最大流量,单位是 pcu/绿灯小时。

B.2.2 饱和流量应尽量采用实测数据,实在无法取得实测数据时,可采用式(B.2.2)估算:

$$S_f = S_{bi} \times f(F_i) \quad (B.2.2)$$

式中:S_{bi}——第 i 条进口车道基本饱和流量(pcu/h);

$f(F_i)$ ——各类进口车道各类校正系数。

B.2.3 各类进口车道各有其专用相位时的基本饱和流量 S_{bi},可采用表 B.2.3 数值。

表 B.2.3 各种进口车道的基本饱和流量(pcu/h)

车道	S_{bi}
直行车道	1 400~2 000 平均 1 650
左转车道	1 300~1 800 平均 1 550
右转车道	1 550

B.2.4 各类车道通用校正系数可按式(B.2.4-1)和式(B.2.4-2)计算:

1 车道宽度校正

$$f_W = \begin{cases} 1 & 3.0 \leqslant W \leqslant 3.5 \\ 0.4(W-0.5) & 2.7 \leqslant W < 3 \\ 0.05(W+16.5) & W > 3.5 \end{cases} \quad (B.2.4-1)$$

式中:W ——车道宽度(m)。

2 坡度及大车校正

$$f_g = 1 - (G + HV) \quad (B.2.4-2)$$

式中:G ——道路纵坡坡度,下坡时取 0;

HV——大车率,此处 HV 不大于 0.50。

B.3 直行车道通行能力

B.3.1 直行车道通行能力应按式(B.3.1)计算:

$$CAP_T = \lambda S_T \quad (B.3.1)$$

式中：S_T ——直行车道饱和流量；
  　λ ——绿信比。

B.3.2 直行车道饱和流量 S_T 应按式(B.3.2)计算：

$$S_T = S_{bT} \times f_w \times f_g \times f_b \quad (B.3.2)$$

式中：S_{bT} ——直行车道基本饱和流量(pcu/h)，可按表 B.2.3 选取；
  　f_b ——非机动车影响校正系数；
  　f_w ——车道宽度校正系数，按式(B.2.4-1)计算；
  　f_g ——坡度及大车校正系数，按式(B.2.4-2)计算。

B.3.3 直行车流受同相位绿灯初期左转非机动车的影响时，饱和流量除应作通用校正外，还应作非机动车影响校正。非机动车影响校正系数 f_b 按式(B.3.3)计算：

$$f_b = 1 - \frac{1 + \sqrt{b_L}}{g_e} \quad (B.3.3)$$

式中：b_L ——绿初左转非机动车数(v/cyc)，若直行机动车通行时无左转非机动车通行(如设置左转非机动车专用相位等)，则 b_L 取 0。

B.3.4 b_L 应采用实测值。无实测值时，可用式(B.3.4)估算：

$$b_L = \frac{\beta_b B (C - g_e)}{C} \quad (B.3.4)$$

式中：B ——非机动车流量(v/cyc)；
  　β_b ——非机动车左转率；
  　C ——信号周期时长(s)，先用初始周期时长计算；
  　g_e ——有效绿灯时长(s)。

B.3.5 无信号配时数据时，有效绿灯时长 g_e 可按式(B.3.5)估算：

$$g_e = \frac{G_e}{j} \qquad (B.3.5)$$

B.4 左转专用车道通行能力

B.4.1 左转专用车道通行能力应按式(B.4.1)计算：

$$CAP_L = S_L \times \lambda \text{ 或 } CAP_L = S'_L \times \lambda \qquad (B.4.1)$$

式中：S_L——有左转专用相位时的饱和流量；
　　　S'_L——无左转专用相位时的饱和流量；
　　　λ——绿信比。

B.4.2 左转专用车道有专用相位时的饱和流量 S_L 应按式(B.4.2)计算：

$$S_L = S_{bL} \times f_W \times f_g \qquad (B.4.2)$$

式中：S_{bL}——左转专用车道有专用相位时的基本饱和流量(pcu/h)，见表 B.2.3。

B.4.3 左转专用车道无专用相位时的饱和流量 S'_L 应按式(B.4.3)计算：

$$S'_L = S_{bL} \times f_W \times f_g \times f_L \qquad (B.4.3)$$

式中：f_L——左转校正系数。

B.4.4 左转校正系数 f_L 应按式(B.4.3)计算：

$$f_L = \exp\left(-0.001\xi \frac{q_{T0}}{\lambda}\right) - 0.1 \qquad (B.4.4)$$

式中：ξ——对向直行车道数的影响系数；
　　　q_{T0}——对向直行车流量(pcu/h)；
　　　λ——绿信比。

B.4.5 对向直行车道数的影响系数 ξ 可按表 B.4.5 选用。

表 B.4.5 对向直行车道数的影响系数 ξ

对向直行车道数	1	2	3	4
ξ	1.0	0.625	0.51	0.44

B.4.6 当缺信号配时数据时,可按式(B.4.6)估算 λ:

$$\lambda = \frac{G_e}{j_C} \quad (B.4.6)$$

B.5 右转专用车道通行能力

B.5.1 右转专用车道通行能力应按式(B.5.1)计算:

$$CAP_R = S_R \times \frac{g_{eR}}{C} \text{ 或 } CAP_R = S'_R \times \frac{g_{eR}}{C} \quad (B.5.1)$$

式中:S_R——有右转专用相位时的饱和流量;
 S'_R——无右转专用相位时的饱和流量;
 C——信号周期时长(s);
 g_{eR}——右转机动车有效通行时间(s)。

B.5.2 右转专用车道有专用相位时的饱和流量 S_R 可按式(B.5.2)计算:

$$S_R = S_{bR} \times f_W \times f_g \times f_r \quad (B.5.2)$$

式中:S_{bR}——右转专用车道基本饱和流量,可按表(B.2.3)选用;
 f_r——转弯半径校正系数;
 r——转弯半径(m)。

B.5.3 转弯半径校正系数 f_r 可按式(B.5.3)计算:

$$f_r = \begin{cases} 1 & r > 15 \text{ m} \\ 0.5 + \dfrac{r}{30} & r \leqslant 15 \text{ m} \end{cases} \quad (B.5.3)$$

B.5.4 右转专用车道无右转专用相位时的饱和流量 S'_R 可按式(B.5.4)计算：

$$S'_R = S_{bR} \times f_W \times f_g \times f_r \times f_{pb} \quad (B.5.4)$$

式中：f_{pb} ——行人或非机动车影响校正系数。

B.5.5 行人或非机动车影响校正系数 f_{pb} 可按式(B.5.5)计算：

$$f_{pb} = \min[f_p, f_b] \quad (B.5.5)$$

式中：f_p ——行人影响校正系数；

f_b ——非机动车影响校正系数。

B.5.6 行人影响校正系数 f_p 可按式(B.5.6)计算：

$$f_p = \frac{(1-p_f)g_p + (g_{eR} - g_p)}{C} \quad (B.5.6)$$

式中：p_f ——右转绿灯时间中，因过街行人干扰，右转车降低率；

g_p ——过街行人消耗绿灯时间(s)；

g_{eR} ——右转机动车有效通行时间(s)；

C ——信号周期时长(s)。

按式(B.5.6)估算有困难时，宜按表 B.5.6 取 f_p。

表 B.5.6 行人影响校正系数 f_p

周期(s)	行人少(<20人/周期) $p_f = 0.15$ g_e/C			行人多(>20人/周期) $p_f = 0.7$ g_e/C		
	0.4	0.5	0.6	0.4	0.5	0.6
60	0.88	0.88	0.87	0.45	0.42	0.40
90	0.87	0.87	0.86	0.40	0.38	0.36
120	0.87	0.86	0.86	0.37	0.36	0.35

B.5.7 非机动车影响校正系数 f_b 可按式(B.5.7)计算：

$$f_b = 1 - \frac{t_T}{g_j} \qquad (B.5.7)$$

式中：g_j —— 该周期显示绿灯时长(s)；

t_T —— 直行非机动车绿初驶出停车线所占用的时间(s)。

B.5.8 直行非机动车绿初驶出停车线所占用的时间 t_T 可按式(B.5.8)计算：

$$t_T = \left(\frac{b_{TS}}{S_{TS}} + \frac{b_{TD}}{S_{TD}}\right) \times \frac{3\,600}{W_b} \qquad (B.5.8)$$

式中：b_{TS} —— 红灯期到达停在停车线前排队的直行非机动车的交通量(辆/周期)；

b_{TD} —— 绿灯期到达接在排队非机动车队后直接连续驶出停车线的直行非机动车的交通量(辆/周期)；

S_{TS} —— 红灯期到达排队非机动车绿初驶出停车线的饱和流量，建议取 3 600 辆/(m·h)；

S_{TD} —— 绿灯期到达直接驶出停车线非机动车的饱和流量，建议取 1 600 辆/(m·h)；

W_b —— 非机动车道宽度(m)。

B.5.9 交通量 b_{TS} 应采用实测值，无实测值时可按式(B.5.9)采用简化方法估算 t_T：

$$t_T = \frac{3\,600(1-\lambda)b_T}{S_{TS}W_b} \qquad (B.5.9)$$

式中：b_T —— 直行非机动车每周期平均交通量(辆/周期)。

B.6 直左合用车道通行能力

B.6.1 直左合用车道通行能力应按式(B.6.1)计算：

$$CAP_{TL} = S_{TL} \times \lambda \qquad (B.6.1)$$

式中：S_{TL}——直左合用车道饱和流量。

当左转车每周期平均达到 2 辆时，宜增设左转专用车道；增设左转专用车道有困难时，宜采用单向左转相位（见图 8.4.2）。此时，直左合用车道通行能力可按直行车道通行能力计算。

B.6.2 直左合用车道饱和流量 S_{TL} 应按式(B.6.2)计算：

$$S_{TL} = S_T \times f_{TL} \quad (B.6.2)$$

式中：f_{TL}——直左合流校正系数。

B.6.3 直左合流校正系数 f_{TL} 应按式(B.6.3)计算：

$$f_{TL} = (q_T + q_L)/q'_T \quad (B.6.3)$$

式中：q_T——合用车道中直行车交通量(pcu/h)；
　　　q_L——合用车道中左转车交通量(pcu/h)；
　　　q'_T——合用车道的直行车当量(pcu/h)。

B.6.4 合用车道的直行车当量 q'_T 应按式(B.6.4)计算：

$$q'_T = K_L q_L + q_T \quad (B.6.4)$$

式中：K_L——合用车道中的左转系数。

B.6.5 合用车道中的左转系数 K_L 应按式(B.6.5)计算：

$$K_L = S_T/S'_L \quad (B.6.5)$$

B.7 直右合用车道通行能力

B.7.1 直右合用车道通行能力应按式(B.7.1)计算：

$$CAP_{TR} = S_{TR} \times \lambda \quad (B.7.1)$$

式中：S_{TR}——直右合用车道饱和流量。

B.7.2 直右合用车道饱和流量 S_{TR} 应按式(B.7.2)计算：

$$S_{TR} = S_T \times f_{TR} \quad (B.7.2)$$

式中：f_{TR} ——直右合流校正系数。

B.7.3 直右合流校正系数 f_{TR} 应按式(B.7.3)计算：

$$f_{TR} = (q_R + q_T)/q'_T \qquad (B.7.3)$$

式中：q_T ——合用车道中直行车交通量(pcu/h)；
$\quad\quad q_R$ ——合用车道中右转车交通量(pcu/h)；
$\quad\quad q'_T$ ——合用车道直行车当量(pcu/h)；
$\quad\quad K_R$ ——合用车道中的右转系数。

B.7.4 合用车道直行车当量 q'_T 应按式(B.7.4)计算：

$$q'_T = K_R \times q_R + q_T \qquad (B.7.4)$$

式中：K_R ——合用车道中的右转系数。

B.7.5 合用车道中的右转系数 K_R 应按式(B.7.5)计算：

$$K_R = S_T/S'_R \qquad (B.7.5)$$

B.8 直左右合用车道通行能力

B.8.1 当左转车交通量每周期平均不超过 1 辆时，车道通行能力可按式(B.8.1)计算：

$$CAP_{TLR} = \min[CAP_{TL}, CAP_{TR}] \qquad (B.8.1)$$

左转车交通量每周期平均达 2 辆时，宜增设左转专用车道；增设左转专用车道有困难时，宜采用单向左转专用相位。

B.8.2 当车道有单向左转相位或单向交通时，直左右合用车道通行能力可按直右/直左车道通行能力计算。

B.9 左右合用车道通行能力(三岔交叉口)

B.9.1 左右合用车道通行能力应按式(B.9.1)计算：

$$CAP_{LR} = S_{LR} \times \lambda \qquad (B.9.1)$$

式中：S_{LR}——左右合用车道饱和流量。

B.9.2 左右合用车道饱和流量 S_{LR} 应按式(B.9.2)计算：

$$S_{LR} = S_L \times f_{LR} \qquad (B.9.2)$$

式中：f_{LR}——左右合流校正系数。

B.9.3 左右合流校正系数 f_{LR} 应按式(B.9.3)计算：

$$f_{LR} = (q_L + q_R)/q'_T \qquad (B.9.3)$$

式中：q_L——合用车道中左转车交通量(pcu/h)；

q_R——合用车道中右转车交通量(pcu/h)；

q'_T——合用车道的左转车当量(pcu/h)。

B.9.4 合用车道的左转车当量数 q'_T 应按式(B.9.4)计算：

$$q'_T = K_R \times q_R + q_L \qquad (B.9.4)$$

式中：K_R——合用车道中的右转系数。

B.9.5 合用车道中的右转系数 K_R 应按式(B.9.5)计算：

$$K_R = \frac{S_L}{S'_R} \qquad (B.9.5)$$

B.10 短车道饱和流量校正

B.10.1 当进口车道实际排队长度(L_q)小于要求排队长度(L_r)时，进口车道属短车道，应作短车道饱和流量校正。

$$L_r = S_f g_e L_{pcu}/3\,600 \qquad (B.10.1)$$

式中：S_f——经各类校正后的饱和流量(pcu/h)；

g_e——有效绿灯时长(s)；

L_{pcu}——排队中一辆小轿车的平均占位长度，一般取 6 m。

B.10.2 左转专用与右转专用车道短车道本身的校正系数可按式（B.10.2-1）计算，专用车道相邻车道的校正系数可按式(B.10.2-2)计算：

$$f_x = u_L + \eta(1-u_L) \quad \text{(B.10.2-1)}$$

$$f_S = u_L + (1-\eta)(1-u_L) \quad \text{(B.10.2-2)}$$

$$u_L = L_q/L_r \quad \text{(B.10.2-3)}$$

式中：η——使用专用车道的车辆比率。

B.10.3 合用车道短车道校正系数可按式（B.10.3-1）和式(B.10.3-2)计算：

$$直左合用车道短车道校正系数 = f_x \times f_{TL} \quad \text{(B.10.3-1)}$$

$$直右合用车道短车道校正系数 = f_x \times f_{TR} \quad \text{(B.10.3-2)}$$

附录 C 让行标志交叉口通行能力

C.1 让行标志交叉口各向车流的优先等级

C.1.1 让行标志平面交叉口指的是采用停车让行标志或减速让行标志管制的交叉口。高峰小时到达交叉口全部进口道的总交通量在 800 pcu/h~1 000 pcu/h 以下、无安全隐患的支路与支路或单车道次干路与支路相交的交叉口,可采用这样的管制方式。

C.1.2 让行标志平交口通行能力应按通过交叉口各向车流的优先等级顺序分级估算。各向车流优先等级顺序如图 C.1.2 所示。

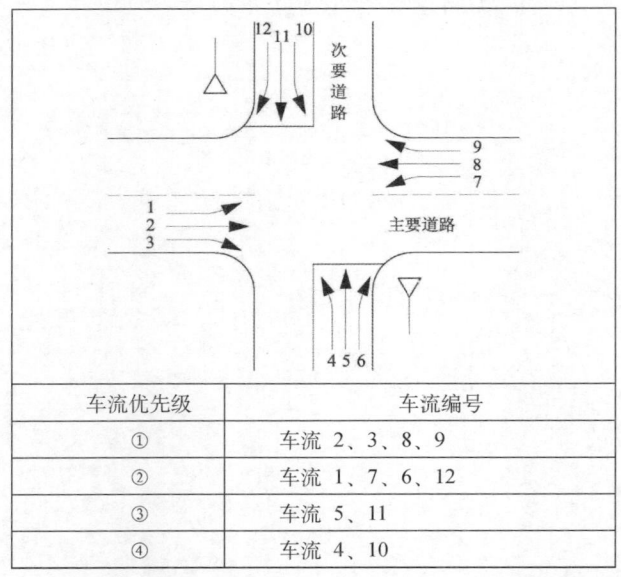

车流优先级	车流编号
①	车流 2、3、8、9
②	车流 1、7、6、12
③	车流 5、11
④	车流 4、10

图 C.1.2 让行标志交叉口各向车流编号及优先等级顺序

C.2 各优先级车流的通行能力

C.2.1 第②优先级车流的通行能力是在第①优先级车流中出现的空档,能够被完全利用的通行能力。第①优先级车流为单车道单向通行车流时,第②优先级车流的通行能力可按表 C.2.1 取值。

表 C.2.1 第①优先级车流为单车道单向通行车流时,第②优先级车流的通行能力

让行方式	高优先级交通量(pcu/h)							
	300	400	500	600	700	800	900	1 000
减速让行标志	730	615	520	440	375	315	270	225
停车让行标志	545	460	390	330	280	235	200	170

C.2.2 第①优先级车流为单车道双向通行车流时,第②优先级车流减速让行的通行能力可用表 C.2.2 中所列数据。

表 C.2.2 在高优先级双向车流量不同组合条件下第②优先级车流减速让行的通行能力

高优先级车流 2 (pcu/h)	高优先级车流 1(pcu/h)							
	800	700	600	500	400	300	200	100
800	—	75	95	120	145	180	220	270
700	75	100	120	155	190	230	270	335
600	95	120	150	190	225	280	335	410
500	120	155	190	245	295	355	425	510
400	145	190	225	295	350	430	515	620
300	180	230	280	355	430	520	625	760
200	220	270	335	425	515	625	765	930
100	270	335	410	510	620	760	930	—

C.2.3 第①优先级为单车道双向通行流时,第②优先级车流停车让行的通行能力可取减速让行通行能力的75%,如表C.2.3所示。

表C.2.3 在高优先级双向车流量不同组合条件下
第②优先级车流停车让行的通行能力

高优先级车流 2 (pcu/h)	高优先级车流 1(pcu/h)							
	800	700	600	500	400	300	200	100
800	—	55	70	90	110	135	165	205
700	55	75	90	115	145	175	205	250
600	70	90	115	145	170	210	250	310
500	90	115	145	185	220	265	320	385
400	110	145	170	220	265	325	385	465
300	135	175	210	265	325	390	470	570
200	165	205	250	320	385	470	575	700
100	205	250	310	385	465	570	700	835

C.2.4 第③优先级车流的通行能力应取第②优先级车流未充分利用其通行能力所剩余的部分。

C.2.5 第④优先级车流的通行能力应取第③优先级车流未充分利用其通行能力所剩余的部分。

C.3 让行标志平面交叉口基本通行能力的理论计算方法

C.3.1 通过让行标志十字形或T形交叉口的车流应定有明确的优先等级顺序,交叉口通行能力按各向车流的优先等级分级估算,如图C.1.2所示。

C.3.2 高优先级为单车道单向通行时,可按式(C.3.2)计算次级车流通行能力:

$$CAP_g = \frac{3\,600}{\Delta t_f} \cdot \exp\left(\frac{q_H}{3\,600}\Delta t_0\right) \qquad (C.3.2)$$

式中：CAP_g——低优先级车流的基本通行能力(pcu/h)。
q_H——高优先级车流交通量(pcu/h)。
Δt_0——临界空档。高优先级车流中出现大于该值的空档时，可穿越低优先级车流，取 5.5 s～6.5 s。
Δt_f——低优先级车流平均跟驶穿越空档，是利用高优先级车流中同一空档的第一辆车与后续车辆间的穿越空档时，Δt_f 在 2.6 s～4.0 s 之间；减速让行标志管制时取下限，停车让行标志管制时取上限。

附录 D 交叉口延误计算方法

D.1 无信号控制交叉口控制延误

D.1.1 全无控制交叉口延误可用式(D.1.1-1)估算：

$$d = t_s + 900T\left[(x-1) + \sqrt{(x-1)^2 + \frac{h_d x}{450T}}\right] + 5$$

(D.1.1-1)

式中：d ——每车平均控制延误(s/veh)；
$\quad x$ ——利用程度($vh_d/3\,600$)；
$\quad t_s$ ——服务时间(s)，根据车辆的驶离车头时距和跟车时距来计算：

$$t_s = h_d - m \quad \text{(D.1.1-2)}$$

$\quad m$ ——跟车时间(s)；
$\quad h_d$ ——驶离车头时距(s)；
$\quad T$ ——分析时段的持续时长(h)，取 0.25 h。

D.1.2 优先控制交叉口延误可用式(D.1.2-1)估算：

$$d = \frac{3\,600}{c_{m,x}} + 900T\left[\frac{v_x}{c_{m,x}} - 1 + \sqrt{\left(\frac{v_x}{c_{m,x}} - 1\right)^2 + \frac{\left(\frac{3\,600}{c_{m,x}}\right)\left(\frac{v_x}{c_{m,x}}\right)}{450T}}\right] + 5$$

(D.1.2)

式中：d ——每车平均控制延误(s/veh)；
$\quad v_x$ ——流向 x 的交通流率(veh/h)；

$c_{m,x}$ ——流向 x 的通行能力(veh/h);

T ——分析时段的持续时长(h),取 0.25 h。

D.1.3 各进口道的平均信控延误,可按该进口道中各车道延误的加权平均数估算:

$$d_A = \sum_i d_i q_i \Big/ \sum_i q_i \quad (D.1.3)$$

式中:d_A ——进口道 A 的平均信控延误(s/veh);

d_i ——进口道 A 中第 i 条车道的平均信控延误(s/veh);

q_i ——进口道 A 中第 i 条车道的小时交通量换算为其中高峰 15 min 的交通流率(veh/h)。

D.1.4 整个交叉口的平均信控延误,按该交叉口中各进口道延误的加权数估算:

$$d_I = \sum_A d_A q_A \Big/ \sum q_A \quad (D.1.4)$$

式中:d_I ——交叉口每车的平均信控延误(s/veh);

q_A ——进口道 A 的高峰 15 min 交通流率(veh/h)。

D.2 信号控制交叉口信控延误

D.2.1 各车道延误可用式(D.2.1-1)估算:

$$d = d_1 + d_2 + d_3 \quad (D.2.1\text{-}1)$$

式中:d ——各车道每车平均信控延误(s/veh);

d_1 ——均匀延误,即车辆均匀到达所产生的延误(s/veh);

d_2 ——随机到达附加延误,即车辆随机到达并引起超饱和周期所产生的附加延误(s/veh);

d_3 ——初始排队附加延误,即在延误分析初期停有上一时段积余车辆而使后续车辆产生的附加延误(s/veh)。

1 设计交叉口应达到设计服务水平的要求,不出现在分析

初期留有初始排队的情况,即不该出现有初始排队附加延误。在设计交叉口时,各车道延误应采用下列公式估算:

$$d = d_1 + d_2 \quad (D.2.1-2)$$

$$d_1 = 0.5C \frac{(1-\lambda)^2}{1-\min[1, x]\lambda} \quad (D.2.1-3)$$

$$d_2 = 900T\left[(x-1) + \sqrt{(x-1)^2 + \frac{8ex}{CAP \cdot T}}\right]$$

$$(D.2.1-4)$$

式中:C ——信号周期时长(s)。

λ ——绿信比。

x ——饱和度,即交通流量与通行能力之比。

CAP ——通行能力(pcu/h)。

T ——分析时段的持续时长(h),取 0.25 h。

e ——单个交叉口信号控制类型校正系数,定时信号取 e = 0.5;感应信号 e 随饱和度与绿灯延长时间而变,绿灯延长时间为 2 s~5 s 时建议的平均 e 值列于表 D.2.1。

表 D.2.1 建议 e 值

x	e	平均值
≤0.5	0.04~0.23	0.13
0.6	0.13~0.28	0.20
0.7	0.22~0.34	0.28
0.8	0.32~0.39	0.35
0.9	0.41~0.45	0.43
>1.0	0.5	0.5

2 对原有交叉口作延误评估时,应考虑初始排队的延误,即

$$d = d_1 + d_2 + d_3 \quad \text{(D.2.1-5)}$$

(1) d_1:

$$d_1 = d_s \frac{t_u}{T} + f_a d_u \frac{T - t_u}{T} \quad \text{(D.2.1-6)}$$

式中：d_s——饱和延误(s/veh)，按下式计算：

$$d_s = 0.5C(1 - \lambda) \quad \text{(D.2.1-7)}$$

d_u——不饱和延误(s/veh)，按下式计算：

$$d_u = 0.5C \frac{(1-\lambda)^2}{1 - \min[1, x]\lambda} \quad \text{(D.2.1-8)}$$

t_u——在 T 中积余车辆的持续时间(h)，按下式计算：

$$t_u = \min\left[T, \frac{Q_b}{CAP[1 - \min[1, x]]}\right] \quad \text{(D.2.1-9)}$$

Q_b——分析期初始积余车辆数，须实测。

f_a——绿灯期车流到达率校正系数，按下式计算：

$$f_a = \frac{1 - P}{1 - \lambda} \quad \text{(D.2.1-10)}$$

P——绿灯期到达车辆占整周期到达量之比，可实地观测。

(2) d_2：用式(D.2.1-7)计算。

(3) d_3：d_3 随式(D.2.1-9)算得的在 T 中积余车辆的持续时间 t_u 而定。

$$d_3 = \begin{cases} 3\,600 \dfrac{Q_b}{CAP} - 1\,800T[1 - \min[1, x]] & \text{若 } t_u = T \quad \text{(D.2.1-11)} \\ 1\,800 \dfrac{Q_b t_u}{T \cdot CAP} & \text{若 } t_u < T \quad \text{(D.2.1-12)} \end{cases}$$

D.2.2 各进口道的平均信控延误,按该进口道中各车道延误的加权平均数估算:

$$d_A = \sum_i d_i q_i \Big/ \sum_i q_i \tag{D.2.2}$$

式中:d_A——进口道 A 的平均信控延误(s/veh);
  d_i——进口道 A 中第 i 条车道的平均信控延误(s/veh);
  q_i——进口道 A 中第 i 条车道的小时交通量换算为其中高峰 15 min 的交通流率(veh/h)。

D.2.3 整个交叉口的平均信控延误,按该交叉口中各进口道延误的加权数估算:

$$d_I = \sum_A d_A q_A \Big/ \sum q_A \tag{D.2.3}$$

式中:d_I——交叉口每车的平均信控延误(s/veh);
  q_A——进口道 A 的高峰 15 min 交通流率(veh/h)。

附录 E 信号控制交叉口饱和度计算方法

E.0.1 各车道组饱和度可按式(E.0.1)计算：

$$X_i = v_i / CAP_i \quad (E.0.1)$$

式中：X_i——车道组 i 的饱和度；

v_i——第 i 类车道组校正交通量(pcu/h)；

CAP_i——第 i 类车道组通行能力(pcu/h)。

E.0.2 交叉口关键饱和度可按式(E.0.2)计算：

$$X_c = \sum_i (v/S)_{ci} \times [C/(C-L)] \quad (E.0.2)$$

式中：$\sum_i (v/S)_{ci}$——所有关键车道组流率比的总和；

C——信号周期时长(s)；

L——信号总损失时间(s)。

附录 F 饱和流率（附起动损失时间）现场观测方法

F.0.1 饱和流率（附起动损失时间）现场观测应符合下列要求：

1 观测时间：选 1 h 中的高峰 15 min，作前后对比分析时，前后观测时间必须一致。

2 两人观测一条车道，一人观察，一人记录。按信号周期观测，受干扰的周期应予作废，延续观测 15 min 以上。

3 观察员任务：

    1）接近绿灯启亮时，认定红灯期停车排队的最后一辆车。

    2）绿灯启亮时，打开秒表，并通知记录员准备记录。

    3）每辆车开出停车线时，向记录员报告车型及开出停车线时刻，如："小 3.5""小 6.5""小 9.5""小 12""小 14.3"……直到认定的最后一辆车开出停车线。

4 记录员任务：

把观测员报告的车型与出停车线时刻记入记录表 F.0.1。

表 F.0.1 记录表式

车辆编号	周期 1		周期 2		周期 3		周期 4		周期 5		周期 6		周期 7		周期 8		周期 9	
	车型	时刻	车型	时刻	车型	时刻	车型	时刻	车型	时刻	车型	时刻	车型	时刻	车型	时刻	车型	时刻
1	小	3.5																
2	小	6.5																
3	小	9.5																
4	小	12																
5	小	14.3																
6	⋮	⋮																
7	⋮	⋮																
8	⋮	⋮																
9	⋮	⋮																
10	小	25.2																
11	中	27.5																
12	小	32.5																
13	小	34.7																
14	⋮	⋮																
15	⋮	⋮																

饱和流率(附起动损失时间)观测记录表

观测交叉口:_____ 进口道:东、南、西、北
车道:直行、左转、右转
观测日期:_____ 时间:_____
观测者:_____

F.0.2 饱和流率 S_i 应按式(F.0.2)计算:

$$S_i = \frac{3\,600}{h_i} \quad (F.0.2)$$

式中：$\bar{h}_i$——车队的平均饱和车头时距。

F.0.3 车队的平均饱和车头时距 $\bar{h}_i$ 的选取应符合下列要求：

    1 应选记录表中同种车型连续通过停车线的数据。

    2 计算 $\bar{h}_i$ 应从第 5 辆车开始。而把前 4 辆车头时距中大于 $\bar{h}_i$ 的部分计作绿初损失时间。

附录G 交叉口处人行横道通行能力

G.0.1 理想通行能力是指过街行人均匀到达,按正常步速行走,不受其他车辆及行人干扰,每小时穿过人行横道终点断面处最大的行人通过量。

在人行横道上一条人行带在横向车流车辆红灯期间,其理想通行能力应按式(G.0.1)计算(《现代城市交通》,人民交通出版社,1998):

$$q_{pT} = \frac{3\,600}{C} \cdot \left(\frac{R - b/V_p - l}{b_1/V_p} + 1 \right) \quad (G.0.1)$$

式中:C ——信号周期时长(s);
$\quad\quad R$ ——红灯时间(s);
$\quad\quad b$ ——行人横道长度(m);
$\quad\quad b_1$ ——前后行人间距(m)(中国行人步幅平均为 0.66 m 左右,考虑行人之间有一步半的自由度,以保证行人按正常速度行走,故将 b_1 值定为 1 m);
$\quad\quad V_p$ ——行人过街步速(m/s),一般取为 1.0 m/s;
$\quad\quad b/V_p$ ——第一个行人过街时间(s);
$\quad\quad b_1/V_p$ ——连续人流中前后行人通过某一断面的时距(s);
$\quad\quad l$ ——行人损失时间(s),可取 2 s。

G.0.2 按一条人行带的宽度取 1 m 计,不同色灯周期、不同人行横道长度条件下理论通行能力可按表 G.0.2 选用。

表 G.0.2　横向车辆红灯时单位宽度人行横道的理论通行能力(人/h/m)

b(m) \ $C=2R$(s)	60	70	80	90	100	110	120	130
7	1 662	1 734	1 789	1 831	1 865	1 893	1 916	19 35
9	1 542	1 631	1 699	1 751	1 792	1 827	1 855	1 879
15	1 180	1 322	1 428	1 510	1 576	1 630	1 675	1 713
20	879	1 063	1 202	1 309	1 395	1 465	1 524	1 574
25	578	805	976	1 108	1 214	1 301	1 373	1 434
30	277	547	750	907	1 034	1 137	1 223	1 296

G.0.3 实际的行人通行能力因受到右转车辆、行人到达的不均匀性及对向行人间的干扰影响,可按式(G.0.3)予以折减。

$$q_{pp} = \alpha \cdot \beta \cdot \gamma \cdot q_{pT} \quad (G.0.3)$$

式中:q_{pp}——人行横道每米宽度的实际通行能力(人/h/m);

　　　α——车辆干扰行人折减系数;

　　　β——行人不均到达折减系数;

　　　γ——对向行人干扰折减系数。

G.0.4 红灯时右转机动车通过人行横道时对通行能力的折减系数 α_1 的取值应符合下列要求:

1 相交两道路进口道宽度小于 9 m 的道路,可以忽略右转机动车对行人的影响。

2 当交叉口进口道上有右转专用车道时,α_1 可按式(G.0.4-1)计算,也可按表 G.0.4 选取。

$$\alpha_1 = 1 - Q_r \cdot t_r / 3\,600 \quad (G.0.4-1)$$

式中:Q_r——通过人行横道的右转交通量(pcu/h)。

　　　t_r——一辆右转车占用一条人行横道的时间(s),按式(G.0.4-2)计算:

$$t_r = (l_v + l_a) / V_r \quad (G.0.4-2)$$

式中：l_v——换算车辆长度，按 6 m 计；

l_a——行人与右转车辆间最小安全距离(m)；

V_r——右转车辆通过人行横道时的车速，经实测在 8 km/h～15 km/h，采用 10 km/h。

表 G.0.4 右转机动车折减系数

Q_r	<50	50～150	151～150	251～350	351～450	450～500
α_1	0.95	0.85	0.75	0.65	0.55	0.45

G.0.5 红灯时右转非机动车通过人行横道时对通行能力的折减系数 α_2 的取值应按式(G.0.5)计算，也可按表 G.0.5 选取。

$$\alpha_2 = 1 - Q_{br} \cdot t_b / 7\,200 \quad (G.0.5)$$

式中：Q_{br}——通过人行横道的右转非机动车交通量(辆/h)；

t_b——两辆右转非机动车同时驶过人行横道的时间，取 1 s。

表 G.0.5 非机动车右转干扰系数

$Q(v/h)$	200～700	701～1 400	1 401～2 200	2 201～2 800	>2 800
α_2	0.95	0.85	0.75	0.65	0.55

G.0.6 右转机动车与非机动车的共同干扰系数 α 可按式(G.0.6)计算：

$$\alpha = \alpha_1 \cdot \alpha_2 \quad (G.0.6)$$

G.0.7 到达不均匀的折减系数 β 的取值应符合下列要求：

1 当过街行人单向交通量<500 人/h 时，行人到达分布服从泊松分布，$\beta = 0.95$。

2 当单向过街行人交通量≥1 000 人/h 时，行人到达分布服从负二项分布，β 值根据 K 值在表 G.0.7 中选取。

$$K = m^2(s^2 - m) \quad (G.0.7)$$

式中：m —— 周期内到达行人均值（人）；
　　　s^2 —— 周期到达行人数的方差。

表 G.0.7　不同 K 值时的 β

K	1	3	5	7	9	11	15	17	20	30	40
β	0.63	0.77	0.82	0.85	0.87	0.88	0.89	0.90	0.91	0.92	0.93

G.0.8　对向行人干扰的通行能力折减系数 γ 应按式（G.0.8-1）计算，也可按表 G.0.8 选用。

$$\gamma = \frac{q_{pm}}{q_{pT}} \quad\quad (G.0.8\text{-}1)$$

式中：q_{pT} —— 理想通行能力；
　　　q_{pm} —— 受对向行人干扰后的行人最大通过量。

$$q_{pm} = \frac{3\,600}{C}(0.97R - 0.90b - 0.94) \quad (G.0.8\text{-}2)$$

式中：R —— 红灯时间（s）；
　　　b —— 人行横道长度（m）。

表 G.0.8　γ 系数

$C=2R$(s) \ b(m)	60	70	80	90	100	110	120	130
7	0.79	0.79	0.79	0.80	0.80	0.80	0.80	0.80
9	0.76	0.79	0.79	0.79	0.79	0.79	0.80	0.80
15	0.75	0.76	0.77	0.77	0.78	0.78	0.78	0.79
20	0.69	0.73	0.74	0.76	0.76	0.77	0.77	0.78
25	0.59	0.67	0.71	0.73	0.74	0.75	0.76	0.76
30	0.25	0.57	0.65	0.69	0.72	0.73	0.74	0.75

G.0.9　当有行人专用信号灯时，人行横道的通行能力的计算公式与无行人专用信号灯时相同。其中，系数 $\alpha=1$。每米人行横道

的通行能力值见表 G.0.9。

表 G.0.9 有行人专用信号灯时人行横道的实际通行能力(人/h/m)

$C=2R(s)$ $b(m)$	60	70	80	90	100	110	120	130
7	1 182	1 233	1 272	1 302	1 343	1 362	1 380	1 393
9	1 082	1 160	1 208	1 245	1 274	1 155	1 336	1 353
15	797	904	990	1 041	1 106	1 144	1 176	1 218
20	546	698	801	890	954	1 015	1 056	1 105
25	307	551	624	728	809	878	939	981
30	—	—	—	—	670	747	814	875

附录 H 交通信号配时设计计算表

表 H 交通信号配时设计计算表

交叉口：_____　初始周期时长：_____　计算周期时长：_____

进口道	车道	车道数	设计交通量 q_d			每周期转弯车数 $4 \times Q_{15}$	车道渠化方案	信号相位方案	设计饱和流量 S_d	流量比 y q_d/S_d	最大流量比	流量比总和 Y	总损失时间 L	周期时长 C	总有效绿灯时间 G_e	有效绿灯时长 g_e	绿信比 λ	显示绿灯时间 g	最短绿灯时间 $g_{\min}$
			Q	Q_{15}	PHF														
			8.3.2			8.4.3				8.5.4			8.5.2	8.5.1	8.6.1	8.6.2	8.6.3	8.6.4	8.7.1
西	左																		
	直左																		
	直																		
	直右																		
	右																		
东	左																		
	直左																		
	直																		
	直右																		
	右																		

续表 H

进口道	车道	车道数	设计交通量 q_d				每周期转弯车数	车道渠化方案	信号相位方案	设计饱和流量 S_d	流量比 $y=q_d/S_d$	最大流量比	流量比总和 Y	总损失时间 L	周期时长 C	总有效绿灯时间 G_e	有效绿灯时长 g_e	绿信比 λ	显示绿灯时间 g	最短绿灯时间 g_{min}
			Q	PHF	Q_{15}	$4\times Q_{15}$														
			1	2																
			8.3.2				8.4.3					8.5.4		8.5.2	8.5.1	8.6.1	8.6.2	8.6.3	8.6.4	8.7.1
北	左																			
	直左																			
	直																			
	直右																			
	右																			
南	左																			
	直左																			
	直																			
	直右																			
	右																			

附录 J 饱和流量校正系数表

表 J 饱和流量校正系数表

交叉口：＿＿＿＿＿ 初始周期时长：＿＿＿＿＿ 计算周期时长：＿＿＿＿＿

进口道	车道	车道数	车道宽度校正 W f_W B.2.4-1	坡度及大车校正 $G+HV$ f_g B.2.4-2	直行车道非机动车校正 B β g_e或G_e/j b_L f_b B.3	左转校正 ξ q_T λ或G_e/jC f_L B.4	右转校正 转弯校正 行人或非机动车干扰校正 r f_r f_{pb} B.5	直左校正 q_T q_L k_L f_{TL} B.6	直右校正 q_T q_R K_R f_{TR} B.7	左右校正（三叉路）q_L q_R K_R f_{LR} B.9
西	左									
	直左									
	直									
	直右									
	右									
东	左									
	直左									
	直									
	直右									
	右									

续表 J

进口道	车道	车道数	车道宽度校正 W f_W B.2.4-1	坡度及大车校正 $\frac{G+}{HV}$ f_g B.2.4-2	直行车道非机动车校正 B β b_L 或 f_b G_e/j ξ B.3	左转校正 q_T $\frac{\lambda 或}{G_e/jC}$ f_L B.4	右转校正 转弯校正 r f_t 行人或非机动车干扰校正 f_{pb} B.5	直左校正 q_T q_L $k_L f_{TL}$ B.6	直右校正 q_T $q_R K_R f_{TR}$ B.7	左右校正(三叉路) $q_L K_R f_{LR}$ B.9
北	左									
北	直左									
北	直									
北	直右									
北	右									
南	左									
南	直左									
南	直									
南	直右									
南	右									

附录 K 饱和流量与通行能力计算表

表 K 饱和流量与通行能力计算表

交叉口：_____ 初始周期时长：_____ 计算周期时长：_____

| 进口道 | 车道 | 车道数 | 基本饱和流量 | 车道宽度校正 | 坡度及大车校正 | 非机动车校正 | 左转校正 | 右转校正 | | 直左校正 | 直右校正 | 左右校正 | 校正饱和流量 | 绿信比 | 通行能力 | 饱和度 | 直左右车道通行能力 | 左右合用车道通行能力 |
								转弯校正	行人干扰									
			S_b	f_W	f_g	f_b	f_L	f_r	f_P	f_{TL}	f_{TR}	f_{LR}	S_d	λ	CAP	x		
			B.2.2										$S_b f(F)$	8.6.3	λS_d		B.8	B.9
西	左																	
	直左																	
	直																	
	直右																	
	右																	
东	左																	
	直左																	
	直																	
	直右																	
	右																	

续表 K

进口道	车道	车道数	基本饱和流量 S_b	车道宽度校正 f_W	坡度及大车校正 f_g	非机动车校正 f_b	左转校正 f_L	右转校正 转弯校正 f_r	右转校正 行人干扰 f_p	直左校正 f_{TL}	直右校正 f_{TR}	左右校正 f_{LR}	校正饱和流量 S_d	绿信比 λ	通行能力 CAP	饱和度 x	直左右车道通行能力	左右合用车道通行能力
			B.2.2										$S_b f(F)$	8.6.3	λS_d		B.8	B.9
北	左																	
	直左																	
	直																	
	直右																	
	右																	
南	左																	
	直左																	
	直																	
	直右																	
	右																	

附录 L 延误及服务水平估算表

表 L 延误及服务水平估算表

交叉口：_____

初始周期时长：_____ 计算周期时长：_____

进口道	车道	车道数	均匀延误				随机附加延误			车道信控延误	进口道延误		交叉口延误		服务水平
			周期时间	绿信比	饱和度	均匀延误	通行能力	控制类型校正	随机到达附加延误		车道高峰15min交通流率	进口道信控延误	进口道高峰15min交通流率	交叉口信控延误	
			C	λ	x	d_1	CAP	e	d_2	d_i	q_i	d_A	q_A	d_1	
						D.2.1					D.2.2		D.2.3		9.3.2
西	左														
	直左														
	直														
	直右														
	右														
东	左														
	直左														
	直														
	直右														
	右														

续表 L

进口道	车道	车道数	均匀延误					随机附加延误				进口道延误		交叉口延误		服务水平
			周期时间	绿信比	饱和度	均匀延误		通行能力	控制类型校正	随机到达附加延误	车道信控延误	车道高峰15min交通流率	进口道信控延误	进口道高峰15min交通流率	交叉口信控延误	
			C	λ	x	d_1		CAP	e	d_2	d_i	q_i	d_A	q_A	d_1	
						D.2.1						D.2.2		D.2.3		9.3.2
北	左															
	直左															
	直															
	直右															
	右															
南	左															
	直左															
	直															
	直右															
	右															

附录 M 行人与非机动车过街设施附图

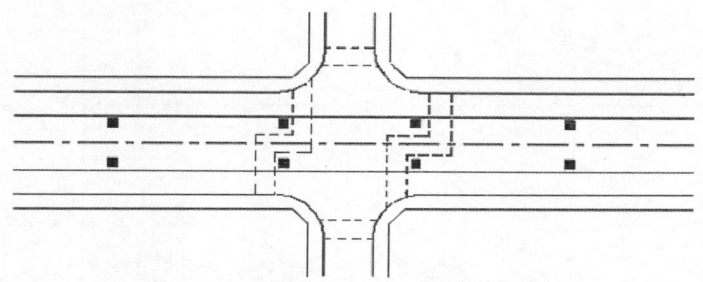

图 M-1 高架道路下人行横道的设置示意

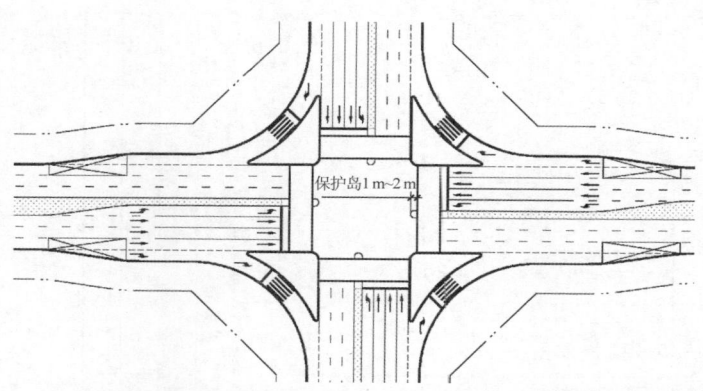

图 M-2 有转角交通岛交叉口人行横道设置示意

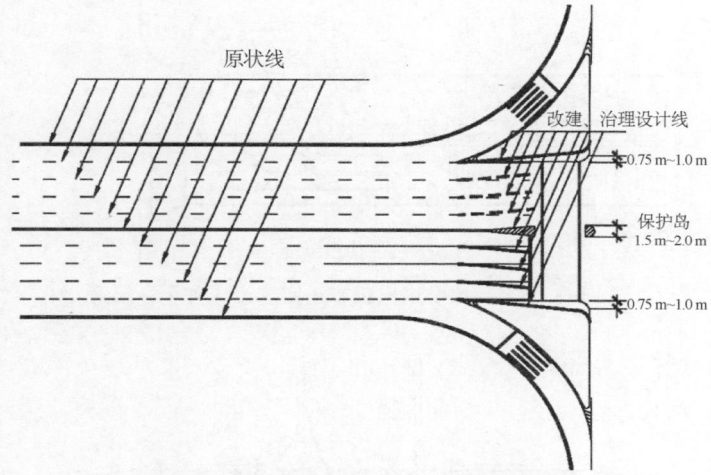

图 M-3a 采用减窄交通岛设置安全岛示意

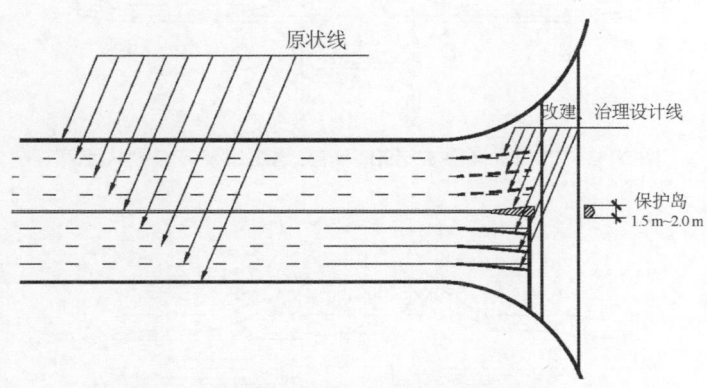

图 M-3b 利用转角曲线扩展空间设置安全岛示意

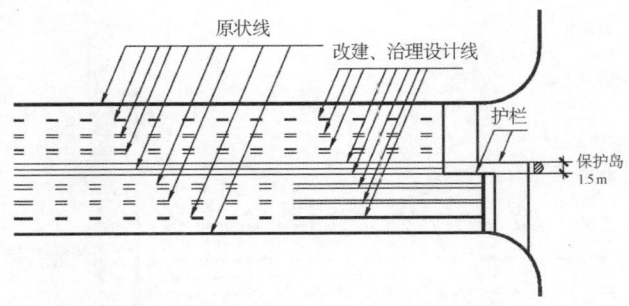

图 M-3c 采用减窄进出口车道宽度设置安全岛示意

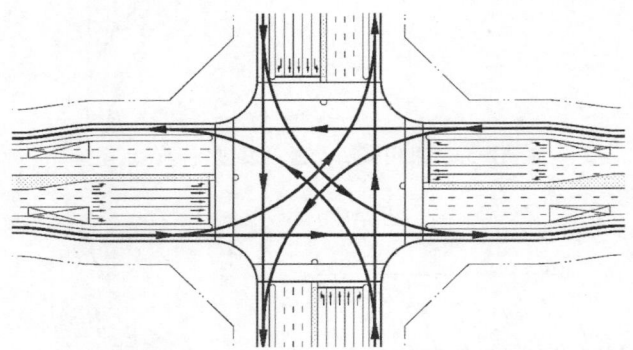

图 M-4 非机动车独立进出口道交通组织及布置型式示意

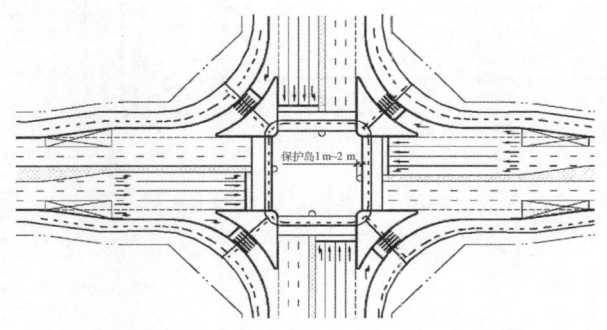

图 M-5 设置交通岛的慢行两次过街交叉口布局

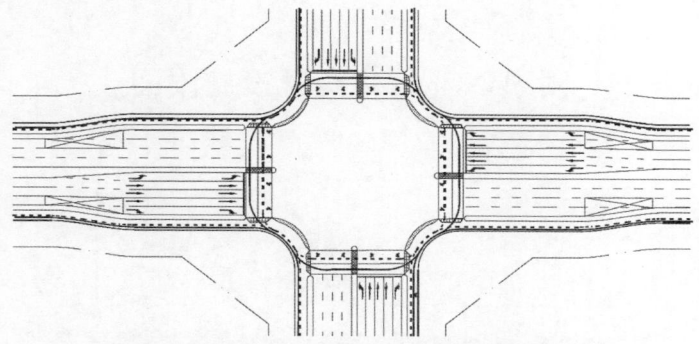

图 M-6 无交通岛的慢行两次过街交叉口布局(一)

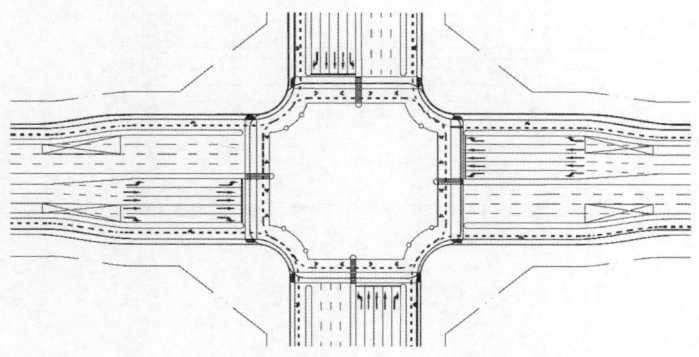

图 M-7 无交通岛的慢行两次过街交叉口布局(二)

注:图中实线表示为行人流线,虚线表示为非机动车流线。

附录 N 公共交通设施附图

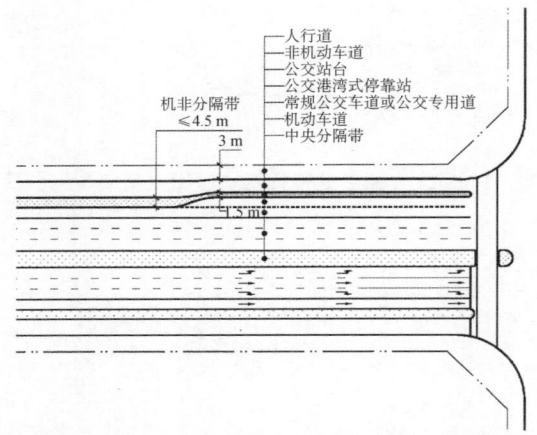

图 N-1 机非分隔带宽度不大于 4.5 m

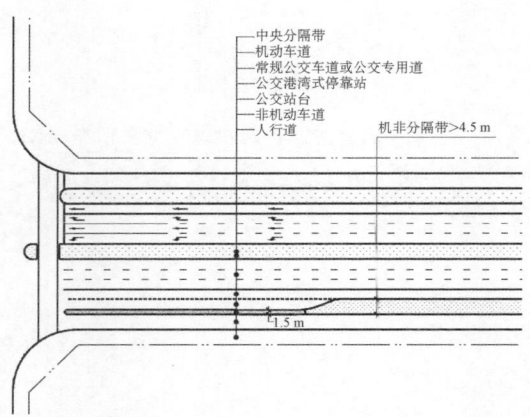

图 N-2 机非分隔带宽度不小于 4.5 m

附录 P 平面交叉口安全度计算方法

P.0.1 交通冲突标识的交通安全度可按式(P.0.1)计算:

$$D_s = C/Q \qquad (P.0.1)$$

式中：D_s——平面交叉口的交通安全度(次/MPCU)；

C——严重交通冲突次数(次/小时交叉口)；

Q——混合交通流量(MPCU/小时交叉口)，是考虑机动车、非机动车、行人等混合交通的换算流量。

P.0.2 混合交通流量 Q 的换算关系可按表 P.0.2 选用。

表 P.0.2 各种交通流换算为混合交通当量 MPCU 的系数

道路使用者	大货	大客	中客	小货	小客	摩托	自行车	行人
MPCU	1.5	1.5	1.5	1.0	1.0	0.3	0.2	0.1

本标准用词说明

1 为便于在执行本标准条文时区别对待,对要求严格程度的用词说明如下:
  1) 表示很严格,非这样做不可的用词:
     正面词采用"必须";
     反面词采用"严禁"。
  2) 表示严格,在正常情况下均应这样做的用词:
     正面词采用"应";
     反面词采用"不应"或"不得"。
  3) 表示允许稍有选择,在条件许可时首先应这样做的用词:
     正面词采用"宜"或"可";
     反面词采用"不宜"。
  4) 表示有选择,在一定条件下可以这样做的用词,采用"可"。

2 本标准条文中指明应按其他有关标准、规范执行时,写法为"应符合……要求或规定"或"应按……执行"。

引用标准名录

1 《道路交通标志和标线》GB 5768
2 《道路交通信号灯设置与安装规范》GB 14886
3 《道路交通信号灯》GB 14887
4 《城市道路交通组织设计规范》GB/T 36670
5 《城市道路交叉口规划规范》GB 50647
6 《城市道路交通设施设计规范》GB 50688
7 《城市道路交通标志和标线设置规范》GB 51038
8 《城市道路工程项目规范》GB 55011
9 《建筑与市政工程无障碍通用规范》GB 55019
10 《城市道路工程设计规范》CJJ 37
11 《城市道路照明设计标准》CJJ 45
12 《城市人行天桥与人行地道技术规范》CJJ 69
13 《城市道路绿化规划与设计规范》CJJ 75
14 《城市道路交叉口设计规程》CJJ 152
15 《建筑工程交通设计及停车库(场)设置标准》DG/TJ 08—7
16 《城市居住区交通组织规划与设计标准》DG/TJ 08—2027
17 《出租汽车站点设置规范》DG/TJ 08—2108

标准上一版编制单位及人员信息

DGJ 08—96—2013

主 编 单 位:同济大学
　　　　　　上海市公安局交通警察总队
参 编 单 位:上海市城市建设设计研究总院
　　　　　　上海市规划设计研究院
主要起草人:杨晓光　白　玉　滕生强　刘伟杰　王　伟
　　　　　　许俭俭　许　建
参加起草人:周小鹏　马万经　肖　滨　杨　静　刘　斌
　　　　　　徐　辉

上海市工程建设规范

城市道路平面交叉口规划与设计标准

DG/TJ 08—96—2022
J 10099—2022

条 文 说 明

2023　上海

目 次

1 总 则 ·· 151
2 术语和符号 ·· 153
   2.1 平面交叉口部分术语 ·· 153
3 一般规定 ··· 154
4 平面交叉口规划 ··· 156
   4.1 一般规定 ··· 156
   4.2 平面交叉口分类及选型 ·· 157
   4.3 平面交叉口规划红线 ··· 161
   4.4 平面交叉口规划指标 ··· 165
   4.5 规划地块机动车出入口设置 ····································· 166
   4.6 行人及非机动车过街设施规划 ································· 167
   4.7 公共汽(电)车交通设施规划 ····································· 169
   4.8 环形交叉口规划 ·· 171
   4.9 短间距交叉口规划 ·· 171
   4.10 平面交叉口附近快速路出入口的规划布局 ············ 173
5 平面交叉口交通组织 ·· 175
   5.1 一般规定 ··· 175
   5.2 信号控制交叉口交通组织 ·· 175
   5.3 无信号控制交叉口交通组织 ····································· 177
   5.4 环形交叉口交通组织 ··· 177
6 平面交叉口设计 ··· 179
   6.1 一般规定 ··· 179
   6.2 平面交叉口布局设计 ··· 179
   6.3 进出口道设计 ·· 181

- 6.4 信号控制交叉口设计 ………………………… 183
- 6.5 无信号控制交叉口设计 ………………………… 185
- 6.6 交叉口内部空间渠化设计及交通岛设置 ………… 185
- 6.7 公共汽(电)车专用进出口道设计 ……………… 186
- 6.8 公交中途站与出租车候车站设计 ……………… 186
- 6.9 行人及非机动车过街设计 ……………………… 189
- 6.10 平面交叉口标线与标志设计 …………………… 192
- 6.12 平面交叉口竖向设计 …………………………… 194
- 6.17 平面交叉口静稳化设计 ………………………… 194
- 7 平面交叉口交通管理设施及附属设施设计 …………… 201
  - 7.1 一般规定 ………………………………………… 201
  - 7.2 交通管理设施设计 ……………………………… 201
  - 7.3 道路交叉口绿化及附属设施设计 ……………… 202
- 8 平面交叉口交通信号配时设计 ………………………… 203
  - 8.1 定时交通信号配时设计的内容与程序 ………… 203
  - 8.2 定时交通信号配时设计的时段划分 …………… 203
  - 8.3 定时交通信号配时设计的设计交通量 ………… 203
  - 8.4 交通信号相位设定 ……………………………… 203
  - 8.5 信号周期时长 …………………………………… 204
  - 8.7 最短绿灯时间 …………………………………… 204
  - 8.8 服务水平评估 …………………………………… 204
- 9 平面交叉口效益评价 …………………………………… 229
  - 9.2 无信号交叉口服务水平 ………………………… 229
  - 9.3 信号交叉口服务水平 …………………………… 229
- 附录B 信号交叉口通行能力与饱和流量 ……………… 230
- 附录C 让行标志交叉口通行能力 ……………………… 231

Contents

1 General provisions 151
2 Terms and symbols 153
   2.1 Terms for intersection 153
3 Basic requirements 154
4 At-grade intersection planning 156
   4.1 General requirements 156
   4.2 Classification and type selection of intersections 157
   4.3 Planning red line of intersections 161
   4.4 Planning indices of intersections 165
   4.5 Planning access of blocks 166
   4.6 Planning of crossing facilities for pedestrians and non-motorized vehicles 167
   4.7 Planning of bus (trolley) facilities 169
   4.8 Roundabout planning 171
   4.9 Short distance intersections planning 171
   4.10 Planning and layout of urban expressway ramps around the at-grade intersections 173
5 Traffic organization of intersection 175
   5.1 General requirements 175
   5.2 Traffic organization of signalized intersection 175
   5.3 Traffic organization of unsignalized intersection 177
   5.4 Traffic organization of roundabout 177

6　Intersection design ……… 179
　　6.1　General requirements ……… 179
　　6.2　Layout of intersection ……… 179
　　6.3　Design of approaches ……… 181
　　6.4　Design of signalized intersection ……… 183
　　6.5　Design of unsignalized intersection ……… 185
　　6.6　Channelization and design of traffic island of intersection ……… 185
　　6.7　Design of exclusive bus (trolley) lane at intersection ……… 186
　　6.8　Design of bus station and taxi rank ……… 186
　　6.9　Design of crosswalk for pedestrians and non-motorized vehicles ……… 189
　　6.10　Layout of traffic markings and signs ……… 192
　　6.12　Vertical design of intersection ……… 194
　　6.17　Traffic calming design of intersection ……… 194
7　Design of traffic control facilities and subsidiary facilities ……… 201
　　7.1　General requirements ……… 201
　　7.2　Design of traffic management facilities ……… 201
　　7.3　Design of subsidiary facilities and road greening ……… 202
8　Design of traffic signal plan ……… 203
　　8.1　Contents and flowchart for fixed-time traffic signal plan design ……… 203
　　8.2　Stages for fixed-time traffic signal plan design ……… 203
　　8.3　Design traffic volume for fixed-time traffic signal plan ……… 203
　　8.4　Signal phases design ……… 203

	8.5	Cycle length ································· 204
	8.7	Minimum green time ························ 204
	8.8	Evaluation of level of service ·············· 204
9	Performance evaluation of intersection ··················· 229	
	9.2	Level of service of unsignalized intersection ······ 229
	9.3	Level of service of signalized intersection ········· 229
Appendix B		Capacity and saturation flow of signalized intersection ································· 230
Appendix C		Capacity of yield sign intersection ············ 231

1 总　则

1.0.1 编订本标准的目的：城市道路平面交叉口是制约城市道路通行能力的"咽喉"，也是城市道路交通事故的多发点，因此，科学、合理地规划、设计平面交叉口是城市道路交通安全与畅通的决定因素之一；也因此，在平面交叉口规划、设计的观念与技术上，从20世纪五六十年代起，就有了长足的改进，相应于所设计的新型交叉口，还出现了高级交叉口（Hightype Intersection）这样的新术语。因此，为能用新观念新方法科学合理地规划设计安全高效经济适用的平面交叉口而制定本标准。

1.0.2 适用类型：最新的城市道路等级分为快速路、主干路、次干路、支路、公共通道五类。其中公共通道相交形成的平面交叉口也纳入本标准适用范围，使得本标准能够涵盖城市规划中各类道路等级类型。

适用范围：城市道路工程分为新建和改建两类，对于平面交叉口，为了提高现有大量传统老式交叉口的通车效率，还有对原老式交叉口进行改善治理的实际业务。本标准除对新改建工程规划、设计提出技术标准外，还兼顾交叉口治理的技术要求。

平面交叉口的新建、改建、治理规划或设计受实际条件的约束差别甚大，为实施的现实性，对新建、改建、治理提出了达到技术标准的不同要求。

建议城市规划相关部门主要参考本标准第3、4章的规定，城市道路交通设计相关部门主要参考本标准第3、5、6、8、9章的规定，城市交通管理相关部门主要参考本标准第3、7章的规定。

1.0.4 道路类别，本标准所涉及平面交叉口相交道路的类型，主要参考最新城市规划道路等级分类以及上海街道设计导则中街道分类。其中按道路等级划分为主干路、次干路、支路、公共通道四类,按街道功能划分为商业街道、生活服务街道、景观休闲街道、交通性街道和综合性街道。

2 术语和符号

2.1 平面交叉口部分术语

2.1.1 交叉口的规划与设计范围可根据所需交通设施及其管线的要求适当扩大。交叉口的规划与设计范围也是本标准的研究范围。图中给出的交通设计要素仅为核心要素组合示例,非完整交叉口设计实例。

2.1.14 中运量公共交通系统运能下限的标准在国内外较为统一,取值为0.5万人次/小时,其上限参考已有国内外中运量公共交通设施运行经验取值为3万人次/小时。

2.1.31 参考《美国道路通行能力手册》(2000版),人行道有效宽度等于人行道总宽度减去人行道内的障碍物宽度及其缓冲宽度与人行道边界的缓冲宽度,见图1。

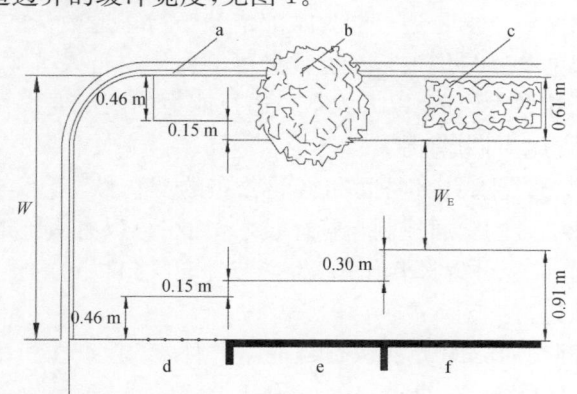

a—路缘石;b—乔木;c—灌木;d—墙/栅栏;e—建筑物正门;
f—带玻璃窗的建筑物正门;W—人行道总宽度;W_E—人行道有效宽度

图1 人行道有效宽度示意

注:该图及图中的数据来自《美国道路通行能力手册》(2000版)中第十九章"行人通行能力"。

3 一般规定

3.0.1 当工程实施条件受到限制时,为了避免不必要的缺憾及废弃工程,应考虑道路平面交叉口规划与设计的系统性和合理性要求,一次性进行规划设计,分期加以实施。同时,根据新建、改建和治理的不同情况和实施条件,分别提出了 20 年、10 年和 5 年的设计年限。

3.0.2 因车辆通过交叉口的可通车时间往往仅相当于路段可通车时间的一半以下,所以交叉口进口道上每条车道的通行能力小于路段通行能力。这是平面交叉口成为城市道路交通网中"瓶颈"的主要原因。因此,平面交叉口规划设计宜使进口道通行能力与其上游路段通行能力相匹配,这既是提高整个城市道路网交通效率的决定性因素,也是平面交叉口规划设计观念与技术改进的基本出发点。但是通行能力匹配依赖于行车道数量的增加,在用地受限的交叉口增加行车道数量可能会使得行人等候、通行空间受到压缩。为保证"以人为本",通行能力的匹配要以保障行人等候及通行空间为前提。

3.0.5 交通需求具有时间和空间分布的变化性,诸多与交叉口规划设计结合的交通控制与管理技术,往往可以有效地改善交叉口的交通,应充分发挥其作用,注意节约交叉口周边的土地资源,并合理地进行拆迁。

3.0.7 因交通流的行驶状态与道路条件、交通条件和车辆及人的因素等密切相关,新采取的措施和设置的设施,是否能够充分考虑各种影响因素,是否能达到预期的目标,往往需要有一个适应阶段,因此,相关的设施应为进一步的完善留有余地。

3.0.11 平面交叉口几何构造的规划设计决定于交通运行方法,

交通运行方法决定于交通管理措施；特别是多相位信号的问世，影响到交叉口进口车道的设计。因此，交叉口几何构造与交通管制间互相依存、制约。为科学、合理地规划、设计平面交叉口，必须同步开展交叉口的几何设计、渠化设计、交通标志标线设计、信号控制设计，并报批。

3.0.12 本标准提出的平面交叉口设计，是以交叉口的安全、畅通为目标的，因此其设计过程是一个反复调整的过程；另外，整个设计工作是以动态的交通特征及其相关的基础资料，以及完整的道路设施资料为基础的，因此在设计之前，应按照本标准附录A的内容予以准备。

3.0.13 道路间距小于200 m的密路网条件下，道路沿线交叉口距离较近，道路周边用地功能复杂，为了兼顾区域过境交通的通过效率和到发交通的集散需求，对路网进行交通组织能在区域层面对道路功能和交通流线进行一定的诱导和优化，辅助相应的设计和信号控制方案，保证区域路网满足多种服务功能需求。

4 平面交叉口规划

4.1 一般规定

4.1.2 在城市总体规划的城市综合交通专项规划的道路系统规划中,对平面交叉口规划间距和形状已大体框定,但在这一规划阶段框定的平面交叉口规划间距、形状不一定有充分条件作仔细的研讨。因此,在控制性详细规划或交通工程规划阶段应对框定的间距、形状、类型作仔细深入研讨,在不影响总体布局的前提下予以优化调整。

  1 现行国家标准《城市道路交通规划设计规范》GB 50020 及现行行业标准《城市道路工程设计规范》CJJ 37 都把斜交叉口的最小交叉角定为 45°,拟定得太小。参考各国文献,宜改为 70°。

  2 信号控制平面交叉口间的间距大致相等时,对交通信号控制系统的布设比较有利。

4.1.4、4.1.5 在过去的道路工程规划中,平面交叉口规划的传统做法是:只做交叉口沿规划道路两侧组成部分的规划方案,而不做此交叉口沿相交道路两侧组成部分的规划。这样做出来的交叉口规划方案不能符合整个交叉口各向交通的运行要求,不是符合整个交叉口交通运行的科学合理方案。因此,必须改变这种不科学不合理的传统做法。本标准以图示的方式明确规定平面交叉口规划必须包括的范围,并且明确规定不得只做规划道路的进、出口道组成部分的规划而不顾相交道路进、出口道的规划。

4.2 平面交叉口分类及选型

4.2.1 城市道路交叉口的类型可有多种不同的划分方法：按相交道路等级、街道功能类型分类和按不同交通组织方式分类等。

本标准中交叉口分类决定于其相交道路的类型。原行业标准《城市道路工程设计规范》CJJ 37 有对城市道路分类的规定及各类道路交通功能的说明。但对城市道路的分类，原行业标准《城市道路工程设计规范》CJJ 37 不论城市大小一律分为快速路、主干路、次干路和支路四类。对各类道路的功能只提及机动车的交通功能要求，没有涉及道路的生活服务功能与公交、行人、非机动车的交通功能要求，已不符合科学发展观与以人为本的理念。不同规模的城市，居民出行特征，包括出行方式、出行次数与出行距离的不同，是引起道路功能差异的主要原因。本标准考虑到上海市的卫星城规模较小，故沿用此标准的分类方法，把上海市道路分为快速路、主干路、次干路和支路四种类型，并特别考虑公共通道这一新道路类型，使交叉口型式能涵盖符合所有功能要求，并在此基础上确定交叉口的选型。

按相交道路类型分类的各类交叉口具有不同的功能要求。为了适应不同出行的不同要求，使道路系统中的各种出行达到安全、通达、高效运行的要求，需要明确各类交叉口的功能，并按其功能确定不同的规划方案与规划标准。

按相交道路类型分类的各类交叉口功能取决于相交道路的类型与功能，为确定各类交叉口的功能，本标准有必要首先明确各类道路的功能。原行业标准《城市道路工程设计规范》CJJ 37 对各类城市道路只提机动车交通功能的要求，是老规范遗留下的城市道路设计"以车为本"的老观念、老方法。城市道路上除供机动车运行的交通功能外，还有供居民生活上需要的功能以及公共交通、行人、非机动车等的交通功能。因此，对各类道路还必须区别其交通或生活服务功能以及补充其不同的公共交通、行人与非机动车的交通功能的要求。这样才有基础正确、全面地确定各类相交道路不同交叉口的功能要求。本标准在原国家标准《城市道路交通规划设计规范》GB 50020 和原行业标准《城市道路工程设计规范》CJJ 37 的基础上,进一步明确了各类道路的交通或生活功能以及供公共交通、行人、非机动车运行的交通功能的要求。

快速路:应是在特大城市或大城市中设置、专供汽车以较高速度行驶的快速道路,主要联系市区、主要近郊区和卫星城镇,联系主要的对外出路,负担城市主要客、货运交通,有较高车速和大的通行能力。基本要求应符合:①设计行车速度应为 60 km/h～100 km/h;②对向车道之间必须设置中央分隔带;③应具有 4 条以上机动车道;④必须全部或部分采用立体交叉与控制出入;⑤快速路行人过街必须设置人行天桥或地下通道。

主干路:应是为市内快速公交或主干公交车以及其他贯穿城市各分区的中、长运距机动车提供中等车速通行服务,具有以"通"为主的交通功能的干路。基本要求应符合:①信号控制宜规划采用绿波联动控制的方式,使车辆能以较高车速在若干交叉口间连续畅通运行;②主干路对向车道之间应设置中央分隔带;③两侧不应设置公共建筑的进出口;④主干路上应设置公交专用车道,视公交客流大小布设市内快速或主干公交线路,公交站必须规划为港湾式站台;⑤主干路宜规划为机动车专用路,对已有非机动车通行的主干路进行改建规划时,应采用机动车与非机动车实体分隔的形式;⑥行人和非机动车过街横道中间必须设置安全岛。

次干路:应是为主干公交或区域公交车以及其他车辆贯通邻近各区、连接支路与主干路、兼具"通、达"集散交通功能与局部生活服务功能的干路。基本要求应符合:①应规划设置公交专用车道,公交站应规划为港湾式站台;②对向车道间宜设置中央分隔带;③机动车与非机动车道间宜设置分隔设施;④行人和非机动车过街横道中间应设置安全岛。

支路：应是区域内部为行人与非机动车提供优先通行服务，并使区域内接驳公交车和到离区域的车辆能与主、次干路相连接，具服务功能，兼具以"达"为主的交通功能的道路。基本要求应符合：①必须使车辆只能低速进出、到离目的地与出发地；②在主次干路公交网密度较稀，公交站点服务距离过远区域的支路上宜规划布设接驳公交线路。城市道路交叉口的功能除取决于相交道路的功能外，还有其不同于道路功能的特点：各向行人、非机动车的集散与公交车站都集中在交叉口范围内，并与车辆分享交叉口的通行空间与时间，就车辆而言，交叉口除提供车辆直行通过交叉口的功能外，还需提供车辆在交叉口处转向的功能。因此，交叉口不仅应能满足机动车通行的要求，还必须保障行人、非机动车与公交乘客过街的安全与方便，必须正确规划交叉口范围内行人、非机动车过街安全设施与公交车站的布设。

公共通道：应是无规划道路红线控制、主要满足沿线地块公共通行的非市政道路，包括总弄、街坊路等。基本要求应符合：①应满足公共通道生活功能；②必须保障无障碍通行；③必须满足机动车应急救助通行要求；④通道两端不得设置围墙。

按道路等级分类，各类平面交叉口的功能和基本要求应符合下列规定：

1 主-主交叉口：应满足主干路主要流向车流畅通，能以中等速度间断通行，以交通功能为主，并应符合主干路的基本要求。

2 主-次交叉口：应满足主干路畅通及次干路-主干路间转向交通需求，能以中等速度间断通行，以集散交通功能为主，兼有次干路局部生活功能，并应符合主、次干路的要求以及交叉口通行能力与转向交通需求相匹配的要求。

3 主-支交叉口：应满足主干路畅通、能以中等速度连续通行，支路应右转进出主干路，有必要时，经论证可选用其他相交形式；主干路应以满足通过性功能为主，支路以集散、分流主干路交通流的功能为主，并应符合主、支道路的要求。

4 次-次交叉口：应以满足次干路主要流向车流畅通,能以中等速度间断通行,应兼具交通与生活功能,并应符合次干路的要求。

5 次-支交叉口：应满足次干路与支路集散交通功能,并应符合次、支道路的要求。

6 次-公共交叉口：应满足次干路集散交通功能和公共通道的生活功能。当不采用信号控制时,应保证次干路车流连续通行,应符合次、公共通道道路的要求。

7 支-支交叉口：应满足支路的集散功能,应符合支路的要求。

8 支-公共交叉口：应满足支路的集散功能与公共通道的生活功能。当采用让行标志交叉口时,应保证支路车流连续通过,应符合支和公共通道的要求。

9 公共-公共交叉口：应满足公共通道生活功能,应符合公共通道的要求。

4.2.2 在控制性详细规划阶段,有条件可根据交叉口按相交道路类型的分类及其功能与基本要求的不同,选定合适的交叉口类型。

当有多种类型可选、难作抉择时,可按如下交通量大小参考选型：

1) 预测高峰小时到达交叉口全部进口道的总交通量不超过 800 pcu/h 的住宅区或工业区内部、相交道路地位相当、无安全隐患的支-支交叉口,可选择全无管制交叉口(平 B3 类)或环形交叉口(平 C 类)型式。

2) 预测高峰小时到达交叉口全部进口道的总交通量在 800 pcu/h～1 000 pcu/h 范围内、需要明确规定主次通车权的次-支交叉口,可选择减速让行标志交叉口(平 B2 类)型式。视距受限,按减速让行通车规则不够安全的次-支交叉口,应选择停车让行标志交叉口(平 B2 类)型式。

3) 预测高峰小时到达交叉口全部进口道的总交通量大于 1 000 pcu/h,且到达支路全部进口道总交通量大于 400 pcu/h 的次-支交叉口和主、次干路与主、次干路交叉口,应选择进、出口道展宽的信号控制交叉口(平

A1类)型式。

4) 某些有特殊原因必须用交通信号控制的支-支交叉口，可选择进、出口道不展宽的信号控制交叉口(平A2类)型式。

5) 主—支交叉口及支路与快速路辅路相交的交叉口可选择支路只准右转通行交叉口(平B1类)形式。

当主-主交叉口采用隧道形式时，应注意下穿隧道的排水问题。隧道段除设置泵站排水外，还应注意隧道出入口的地方设置竖向反坡，不得让雨水流入下穿隧道，见图2。

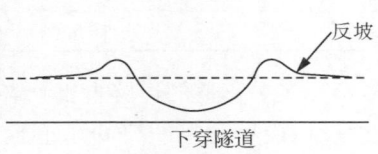

图2 下穿隧道设计图示

4.3 平面交叉口规划红线

4.3.1 平面交叉口红线及建筑控制线规划应符合下列规定：

1 平面交叉口红线规划阶段，应检验总体阶段所定交叉口转角部位红线是否符合安全停车视距三角形限界的要求；三角形限界应由安全停车视距和转角部位圆曲线或圆曲线的切线构成(图3)。

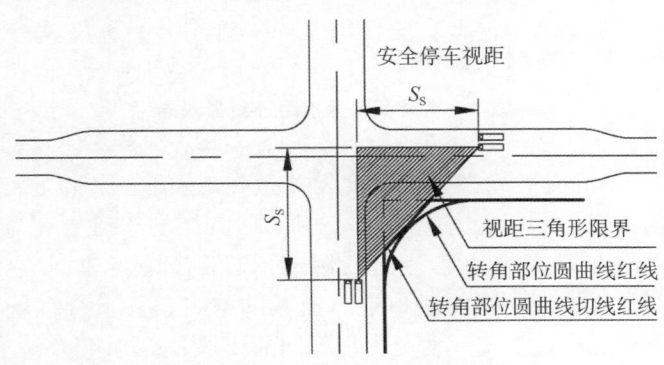

图3 平面交叉口视距三角形

2 平面交叉口红线规划必须满足安全停车视距三角形限界的要求,安全停车视距不得小于表1的规定。视距三角形限界内,不得规划布设任何高出道路平面标高1.0 m且影响驾驶员视线的物体。

表1 交叉口视距三角形要求的安全停车视距

路线设计车速(km/h)	60	50	45	40	35	30	25	20
安全停车视距 S_s(m)	75	60	50	40	35	30	25	20

3 在多车道的道路上,检验安全视距三角形限界时,视距线必须设在最易发生冲突的车道上。交叉口安全视距三角形限界应符合图4的规定。

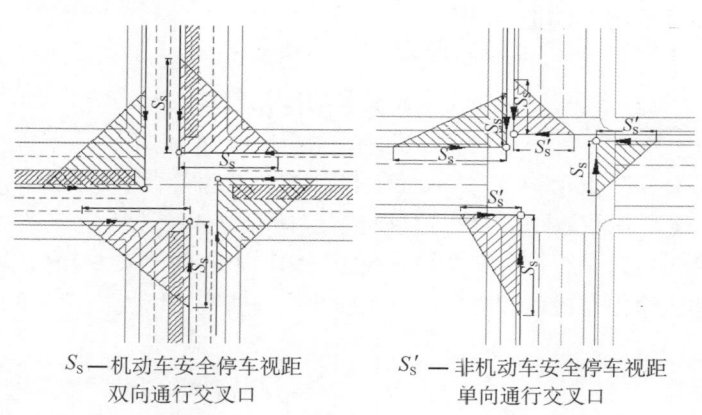

S_s—机动车安全停车视距　　　S_s'—非机动车安全停车视距
　双向通行交叉口　　　　　　　　单向通行交叉口

图4 交叉口安全视距三角形限界

4 平面交叉口进口道宽度及车道数,按信号控制交叉口进口道与路段的通行能力应相匹配的原则,其规划车道数宜为路段车道数的2倍,应按此原则进行用地预留。考虑新建、改建和治理性交叉口规划在增加进口道车道数的空间条件上存在着很大的差异,因此,应按实际情况提出不同的要求。

应确定干路交叉口的红线。为保证控制性详细规划阶段及交通工程规划阶段能够实现行人过街安全岛和公交车站的布置，以及交叉口时空一体化设计的要求，此规划阶段须根据需求留出必要的空间。

为了确保驶出交叉口车流的畅通，有必要规划出口道的车道数能适应于驶入交通流的车道数。一般情况下，出口道的车道数至少等于上游进口道的直行车道数；当相交道路的右转交通量较大、相交道路设有右转专用车道时，出口道上也应相应增加右转出口车道。另外，还需考虑出口道处布设港湾式车站所需的宽度。

5 控制性详细规划阶段宜同步开展交通工程规划，全面深化交叉口的渠化方案，根据车道功能划分及宽度、公交专用道、人行过街横道及安全岛、非机动车道、绿化隔离带、路缘石曲线、交叉口设施布置等要求，确定红线。

6 在下一城市规划阶段的交叉口规划中，应对上一城市规划阶段所定交叉口转角部位的红线位置是否符合交叉口转角最小安全视距的要求进行检验。

7 在改建和治理规划中，交叉口范围内的安全视距三角形限界不符合要求的，应采取限速措施，使其满足安全视距三角形限界的要求。

8 为保证交叉口规划的可操作性、交叉口形态的标准化以及车辆通过交叉口的舒适性，可以通过调整绿化隔离带、车道的空间布置、偏移左转车道等方法，使交叉口进出口道基本实现对称布置。

4.3.3 同美国《公路与城市道路的几何设计》对照，行业标准《城市道路工程设计规范》CJJ 37—2012（2016年版）第6.2.4条所定的缘石转弯半径偏大。但为保持与现有规范的一致性，本标准保留了行业标准《城市道路工程设计规范》CJJ 37—2012（2016年版）给出的参数，在实际使用中，可以适当调整。按美国设计标准的计算，如表2所示。

表 2　缘石转弯半径核算

V_d(km/h)	30	25	20	15
$\mu+i$	0.30	0.32	0.35	0.38
R 计算	24	16	9	6

4.3.5 平面交叉口进口道红线展宽、车道宽度及展宽段长度,应符合下列规定:

1 当支路交叉口不需要对进口道增加车道数时,可不进行红线展宽。支路交叉口进口道不增加额外车道主要考虑两种情况:一是支路交叉口交通需求较小,主要承担街道生活服务功能时,应尽量保证交叉口范围内慢行通道及生活功能区的空间需求,而不需要增加进口道车道。二是密路网条件下或交叉口附近用地较为局限,不具备红线展宽条件或展宽后严重影响建筑和慢行空间,此时也不宜增加进口道车道,而应通过交通组织或其他交通设计方法应对其交通功能需求。

2 由于交通流驶入交叉口进口道后,其车速较路段明显降低。同时,为防止车辆在进口道内因车道过宽而发生抢道现象,进口道车道宽度应比路段车道宽度减窄。平面交叉口进口道部位红线规划必须改变传统交叉口红线规划方法,即把交叉口范围内的红线看成只是路段红线的延伸线,并只考虑以通车需要为主的规划方法。为满足平面交叉口进口道通行能力同路段通行能力相匹配,进口道车道数宜为上游路段规划车道数的 2 倍。本标准按路段车道不同的规划宽度确定交叉口进口道的展宽系数,进口道展宽系数 r 是根据交叉口进口道每条车道宽度为 3.0 m,进口车道数量为路段车道数的 2 倍计算得来,进口道展宽系数 r 的计算公式如式(1)所示。

$$r = \frac{6 - 路段一条车道规划宽度}{路段一条车道规划宽度} \quad (1)$$

若路段上各条车道的规划宽度不相同,可取各条车道宽度的平均值。

条文中式(4.3.5)的计算结果一般是带小数的实数。为方便计算整体红线宽度,本标准建议该式计算结果以 0.5 m 为单位向上取整。

新建平面交叉口的进口道展宽不仅应考虑通行能力相匹配的要求,还应考虑布设行人安全岛及公交港湾式站台等所需的宽度。当规划布设行人安全岛及公交港湾式车站时,还必须在上述基础上增加布设行人安全岛及公交港湾式车站所需的宽度。

考虑改建平面交叉口所受的约束条件较大,故改建平面交叉口进口道部位规划红线的展宽宽度和长度应视拆迁条件确定;对于规划时无法确定有无公交站的情况,应按照有公交站的情况进行展宽。在改建条件许可时,应尽量满足上述规定。

4.4 平面交叉口规划指标

4.4.1 平面交叉口机动车的设计车速,在与国家标准《城市综合交通体系规划标准》GB/T 51328—2018 协调的基础上,定出用于确定交叉口各组成部分线形设计指标的设计车速。机动车由主线进入平交的进口道后,为保障交通安全,必须降低车速,故平交进口道设计车速低于主线的设计车速。

4.4.2 为确保交叉口各类行人的过街安全,并考虑老弱病残孕等交通弱势群体过街需求,行人过街设计步速宜取较小的数值 1.0 m/s。

4.4.3 平面交叉口机动车与非机动车规划交通量应符合下列规定:

1 考虑交通流的波动性,为了能合理规划平面交叉口,满足不同规划对象的不同需要,分别提出用于不同规划对象的不同规划交通量。新建交叉口规划,没有实测交通量时,可用规划年的预测交通量。确定渠化方案及信号相位方案时的计算交通量=

4×高峰小时内高峰 15 min 的交通到达量(宜用实测数据)。无最高 15 min 交通量实测数据时,计算交通量可按下式用高峰小时系数估算:

$$\text{计算交通量} = \frac{\text{高峰小时交通量}}{\text{高峰小时系数}(PHF)} \quad (2)$$

式中:PHF——主要进口道可取 0.75,次要进口道可取 0.8。

2 车辆通过交叉口停止线时的车型折算系数与车辆通过路段的折算系数是不相同的。车辆通过交叉口停止线时的折算系数,应为不同车型的车流连续通过停止线的饱和车头时距与小型车流连续通过停止线时的饱和车头时距的比值,但由于其他车型的饱和车头时距的观测十分困难,故条文中表 4.4.3 的车型折算系数是采用如下的估算方法获得,以中型车的折算系数 k 为例,估算方法如下:

$$k_m = \frac{l_m + h_m}{V_m} \times \frac{V_s}{l_s + h_s} \quad (3)$$

式中:l_m——中型车的长度,取 $2l_s$;

h_m——中型车通过交叉口停止线时的饱和车头空距,取 $1.5h_s$;

V_m——中型车通过交叉口停止线时的速度,取 $0.75V_s$;

l_s——小型车的长度,取 6 m;

h_s——小型车通过交叉口停止线时的饱和车头空距;

V_s——小型车通过交叉口停止线时的速度。

4.5 规划地块机动车出入口设置

4.5.1 本条参考了现行上海市工程建设规范《建筑工程交通设计及停车库(场)设置规范》DG/TJ 08—7 有关道路外侧规划用地出入口的规定及现行行业标准《城市道路工程设计规范》

CJJ 37中有关停车场出入口的规定。

在干路两侧设置道路外侧规划用地建筑物机动车出入口,无异于在干路上增加了交叉口,是造成干路交通拥堵的主要因素之一。在新城区各类规划中,严禁在干路两侧开设道路外侧规划用地建筑物机动车出入口,应把出入口开向支路或专设的前沿道路上;在旧城区改建规划中应调整干路上的已有出入口,使其远离交叉口;在治理规划中,对进出出入口的车辆应采取交通管制措施。道路外侧规划用地机动车出入口距交叉口距离的计算起点,应以交叉口转角缘石曲线的端点为计算起点。

4.6 行人及非机动车过街设施规划

4.6.1 通常情况下,立体过街方式在行人过街方便程度和实际使用效率方面较平面过街方式差,在保障安全和方便的前提下,应优先选用平面过街方式。交叉口过街设施功能不齐全或过街方式不统一,将导致行人过街绕行或诱发行人违章过街,在通常情况下,交叉口过街设施的布置宜具备全方位均可便捷过街的功能,且同一交叉口的过街方式应尽可能协调统一。自动扶梯的设置可按本市《道路人行天桥加装电梯技术导则(试行)》(沪交道运〔2021〕533号)执行。

4.6.2 立体过街设施设置应符合下列规定:

1 在城市道路与铁路相交道口,由于火车运行速度快、制动困难,为保障行人过街安全,不宜规划平交道口,宜规划设置立体过街设施。

3 比较修建人行天桥与地下通道两种方案时,应对地下水位影响、地下管线处理、施工期间对交通及附近建筑物的影响等进行技术、经济效益综合比较后确定。人行天桥与地下通道的对比见表3。

表3 人行天桥和地下通道的对比

分析内容		人行天桥	地下通道
设施的适用情况		适用于凹形地形以及宽的街道及原有房屋可以拆迁的情况	适用于凸形地形以及窄的街道及原有房屋较好、不能拆迁情况
城市街道的艺术处理		因高出地面,对艺术处理要求高	在地上的外露部分少,容易与周围环境协调
施工与养护	基建及养护费	同等条件下,费用较低	基建费用比人行天桥多出1倍~2倍
	对地下管线的影响	不需改建或少量改建	需大量迁移或改建
	排水问题	容易解决	一般需添设排水泵站
	通风及照明	自然通风和采光,白天不需照明	空气有较大污染,必须考虑通风,并需考虑日夜照明
	防水问题	不需防水	需要复杂的防水设施
	施工工程对原有交通的影响	采用预制结构,可做到少影响或不影响交通	施工对原有交通组织影响较大
行人舒适情况	行人行走的方便性	行人需爬高,负重行走不便	与天桥相比,行人乐于使用
	恶劣天气的适应性	较差	很好
设施的安全性		较好	安全感差,需加强治安防范
设施对行人的诱导性		较好	较差,需设专门指示标志

4.6.3 行人过街安全岛的设置应符合下列规定:

1 当行人过街横道(不包括非机动车道)长度超过16 m时,

在行人横道中央规划设置行人过街安全岛有利于提高行人过街的安全,有利于交叉口信号控制方案的优化,从而提高交叉口的整体通行效率。

  3 在改建或治理规划条件受限时,该款提供了几种加设行人过街安全岛的措施。

4.6.4 当非机动车随同机动车一起过街时,左转非机动车通常可采用同左转机动车流一起通行的信号相位,直行非机动车可采用同直行机动车流一起通行的信号相位方案。条件许可时,应将非机动车和机动车信号分开独立控制,保证非机动车的交通安全、提高交叉口整体效率。

4.6.6 当采用非机动车随同行人一起过街时,根据各交叉口车流量和人流量的不同,可灵活采用不同组合的信号相位方案,最大限度地提高交叉口的通行效率。

4.7 公共汽(电)车交通设施规划

4.7.1 通常,道路交叉口是公交线路集中的地点,尤其在主要交叉口公交流量较大,公交线路、站点多,过街和换乘乘客多,公交设站必须保障乘客过街安全、换乘方便;在此基础上,尚应考虑减少站点停车对其他车辆通行的影响。

4.7.2 同向换乘是指乘客不需要过街,在道路同侧便可以实现的换乘;异向换乘与同向换乘相反,指乘客需要过街到对侧搭乘往相反方向行驶的公共汽(电)车的换乘;交叉换乘指乘客至少需要过街一次,搭乘往其他方向行驶的公共汽(电)车的换乘;任何换乘方向换乘指至少2种以上换乘方式的综合(图5)。

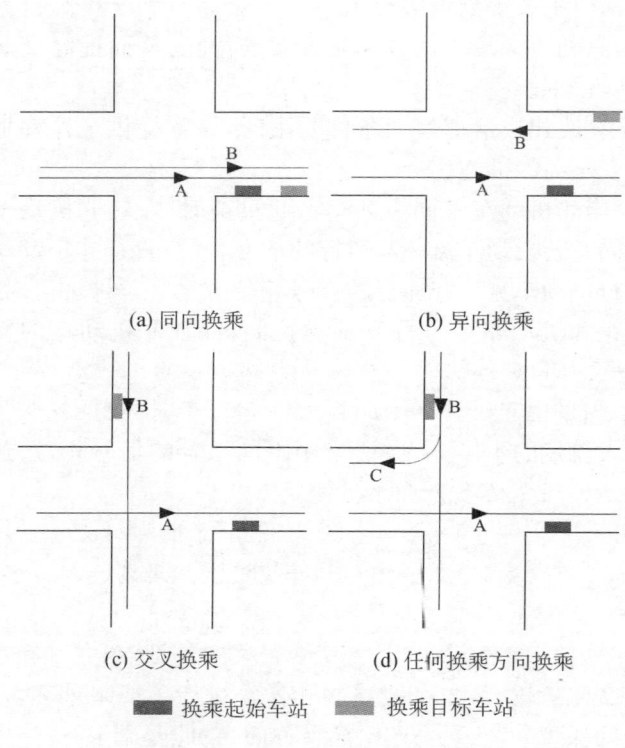

(a) 同向换乘　　　　　(b) 异向换乘

(c) 交叉换乘　　　　　(d) 任何换乘方向换乘

■ 换乘起始车站　　■ 换乘目标车站

图 5　换乘方向图示

4.7.5 本市轨道设施已呈现一定规模,而轨道交通为了体现"以人为本",通常车站进出口设置在交叉口附近,并利用车站通道结合行人天桥和地下通道解决行人过街问题。为了解决地面公交与轨道交通之间的换乘,减少乘客的步行距离,地面公交既要距离交叉口不能太远,同时又不影响交叉口的通行能力,因此,要求在原交叉口规划展宽的的基础上,做轨道交通车站进出口与地面公交车站间的换乘规划。

4.7.7　平面交叉口主要道路是指交叉口相交道路中等级较高或

交通量较大的道路。

4.8 环形交叉口规划

4.8.1 常规环形交叉口适用性的原因及环形交叉口的中心岛与交织段：

1 常规环形交叉口,虽可组织车辆能不停车地连续行驶通过交叉口,有利于在交通信号灯难于处理的多路交叉口上组织交通,但因其用地过大,通行能力有限,故不宜用于大城市干路相交的交叉口上,特别是非机动车流量较大的道路上。而在支-公共交叉口、公共-公共交叉口采用小环岛交叉口,可以起到限速作用,因此鼓励采用。

3 中心岛的大小,决定了车辆在各段环道上的行驶车速、各环道的交织段长度和环形交叉口的用地面积。为能减小环交用地面积,中心岛大小以能满足环道的设计车速及最短交织段长度即可。

4.8.2 常规环形交叉口环道、环道外缘及进出口的规划,基本上沿用现行行业标准《城市道路工程设计规范》CJJ 37 的规定。补充了环道上车道加宽值及环道进出口交通岛布设的规定。

4.9 短间距交叉口规划

4.9.2 相邻两个交叉口是否构成短间距交叉口取决于两个交叉口之间的交通关联度 I_0 的取值。一般情况下,当 $I_0 \geqslant 0.5$ 时,认为两个交叉口关联度高,为短间距交叉口。I_0 的计算公式为

$$I_0 = \frac{0.5}{1+t} \left[\frac{nq_{\max}}{\sum_{i=1}^{n} q_i} - 1 \right] \tag{4}$$

$$t = L/V \tag{5}$$

式中: I_0——交叉口的交通关联度指数;

　　　n——来自上游交叉口的车流驶入分支数;

　　　q_{max}——来自上游交叉口的协调方向的直行车流量(pcu/h),为 q_i 中的最大值;

　　　$\sum_{i=1}^{n} q_i$——到达下游交叉口交通量的总和(pcu/h),对于十字形交叉口而言,$n=3$;

　　　t——车辆在两交叉口之间的行程时间(min);

　　　L——相邻信号交叉口间距(m);

　　　V——平均行程车速(m/min)。

I_0 的取值不仅与上、下游交叉口间距有关,还与交通量有关,它并不是一个固定的值。

① 当交叉口间距 L 很小,距离 L 的变化对 I_0 的影响是首位的,此时可将对短间距交叉口的判定简化为对 L 的判定,即当交叉口间距 $L_{短}$ 为 100 m~200 m 时,相邻两个交叉口为短间距交叉口。

② 当交叉口间距 L 很长,距离 L 的变化对 I_0 的影响也是首位的。因此,当 $L_{长}$ 为 700 m~800 m 时,相邻两个交叉口为长间距交叉口。

③ 当间距 L 处于($L_{短}$、$L_{长}$)时,需通过计算 I_0 的值来判定相邻两个交叉口是否构成短间距交叉口。

在控制性详细规划阶段,难以确定交叉口之间的流量情况,当交叉口间距在条件①②下比较容易判定相邻两个交叉口是否为短间距交叉口。当 L 处于($L_{短}$、$L_{长}$)时,短间距交叉口的判定有一定的困难,此时当相邻两交叉口间的展宽段和渐变段长度之和接近或超过交叉口间距时,可认为相邻两交叉口为短间距交叉口。

4.9.3 短间距交叉口之间通行能力的匹配应满足下列规定:

1 上游交叉口流入车道组的通行能力不应大于下游交叉口

流出车道组的通行能力。短间距交叉口如图 6 所示,通行能力关系见公式(6)。

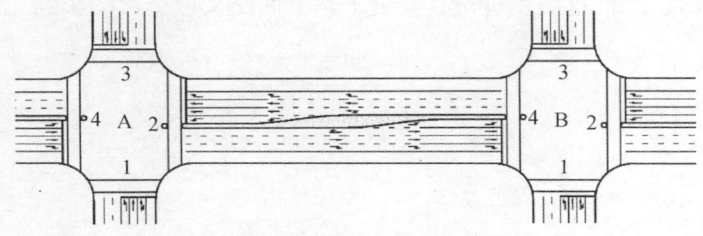

A—上游交叉口;B—下游交叉口

图 6 短间距交叉口通行能力匹配参数定义

$$c_{1,2}^A + c_{4,2}^A + c_{3,2}^A \leqslant c_{4,1}^B + c_{4,2}^B + c_{4,3}^B \tag{6}$$

式中:$c_{1,2}^A, c_{3,2}^A, c_{4,2}^A$——分别为交叉口 A 中车流从进口道 1、3、4 流入出口道 2 的通行能力(pcu/h);

$c_{4,1}^B, c_{4,2}^B, c_{4,3}^B$——分别为交叉口 B 中车流从进口道 4 流入出口道 1、2、3 的通行能力(pcu/h)。

2 在无法估算通行能力的条件下,相邻交叉口进口道数的对应关系应符合:

1) 当相邻两交叉口相交道路等级相同时,上游交叉口流入进口车道总数与下游交叉口流出车道总数应相同;
2) 当相邻两交叉口相交道路等级不同时,上游交叉口流入进口车道总数与下游交叉口流出车道总数相差不宜超过 1 条。

4.10 平面交叉口附近快速路出入口的规划布局

4.10.1 城市市区内不宜建造高架道路、地下隧道、互通立交等,在市郊或市域边缘规划、设计高架道路或互通立交,其匝道位置虽不在本标准定义的交叉口范围内,但对其附近平面交叉口交通会产生严重影响。本标准专列此节,对这类匝道的布设提出几点要求,以降低这类匝道对其附近干路平面交叉口交通的影响。

5 平面交叉口交通组织

5.1 一般规定

5.1.1 平面交叉口交通组织应遵循的"分离冲突"指的是,不同流向不同种类的交通流需在通行时间、通行空间上分离,避免发生交通冲突。"充分利用时空资源"指通过对交通流进行科学的调节、疏导,使时间资源的损失与空间资源的浪费降至最低。

5.2 信号控制交叉口交通组织

5.2.2 交叉口禁止左转车流后,应给出左转车流的替代出路,并保证周边路网新增的交通压力对路网的运行不能产生过大的影响。交叉口禁左措施有几类做法:

    1 远引左转:如图 7 所示,令左转车通过"先直行再掉头右转"(图中线 b 所示)或者"先右转再掉头直行"(图中线 c 所示)的方式将左转车流在交叉口内部引起的冲突放在路段上来解决。远引交叉掉头的地点应设置在交叉口最长排队长度的上游及检测器的上游。"先直行再掉头右转"的方式,将会在进口道产生交织段;"先右转再掉头直行"的方式,将会在出口道产生交织段。

    2 立交平做:利用禁左路口周边路网,按互通式立交的匝道方式进行交通运行,即直行通过路口、右转绕行后再回到原路口的相交车道,直行后通过交叉口。单个进口道及整个交叉口的处理方式见图 8,图中实线为左转车流的轨迹。

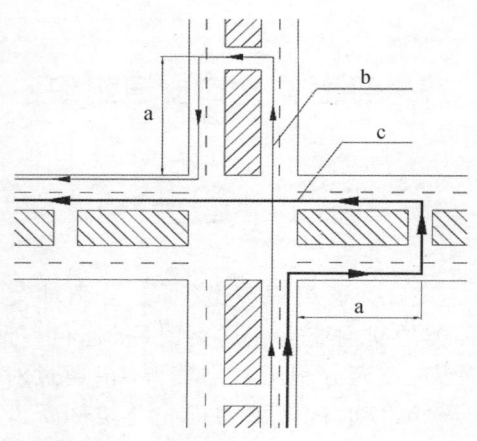

a—交织段；b—先直行再掉头右转；c—先右转再掉头直行

图7 远引交叉图示

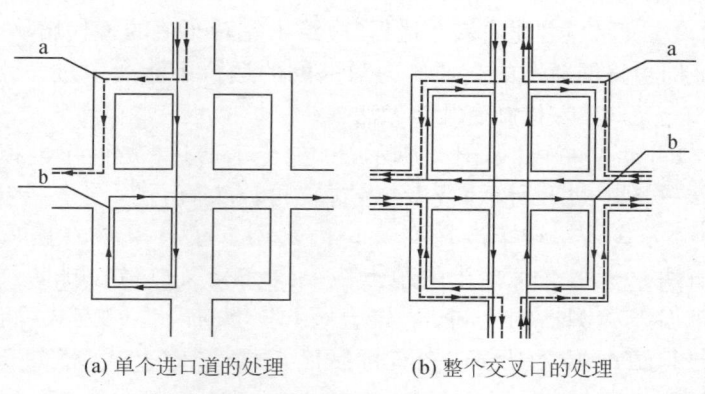

(a) 单个进口道的处理　　　(b) 整个交叉口的处理

a—右转车流处理；b—左转车流处理

图8 立交平做图示

3 提前左转或迟延左转：即在上游交叉口或下游交叉口完成左转。

5.2.4 非机动车与行人交通组织应符合下列规定：

1 为了减少交叉口机非干扰,非机动车与机动车应进行时空分离。若交叉口没有专用非机动车信号进行时间分离,也必须要在空间上让机非分离。具体的空间大小应结合非机动车流量和交叉口具体条件考虑。

2 为了提高交叉口非机动车和行人的安全性,应使非机动车、行人处于危险状态的时间减小到最少,减少交叉口事故发生的概率。

3 为简化驾驶员在交叉路口的观察、思考、判断及采取措施的复杂过程,慢行交通与机动车交通的交叉口冲突点应远离机动车交通之间的交叉冲突点。具体如何远离,与交叉口几何条件及交叉口渠化方案等有关。

5.3 无信号控制交叉口交通组织

5.3.1 根据上海市减速让行交叉口实施情况,减速让行交叉口效果并不理想,车辆在这类交叉口常常不会减速或减速不明显。因此,上海市无信号控制的 B2 类交叉口,应尽量采用停车让行方式。

5.4 环形交叉口交通组织

5.4.1 常规环形交叉口的主要缺点,就是通行能力受交织段长度的影响。因此,自由交织行驶的常规环形交叉口同信号控制交叉口不一样,不能通过增加进口道的车道数或环道的车道数来提高其通行能力。当交通量接近其通行能力时,极易发生严重交通堵塞事件,甚至会出现整环"交通锁死"现象；绕环车道数增加,产生"交通死锁"概率增大,必须采取治理改善措施。环形交叉口可对入环车辆采取减速让行管制措施,让环道上车辆优先通行,入环车辆选择可穿越间隙择机通行；或像普通平面交叉口一样，改用交通管理与控制，即用减速让行标志或信号灯来给绕环行驶车辆与进环车辆轮流分配通行权，组织进环车辆与绕环行驶车辆交织运行。这样就可以通过增加进口道及环道的车道数来提高其通行能力，这时环形交叉口的进口道与环道应进行拓宽处理。但环形交叉口信号控制的作用同普通平面交叉口用信号灯来控制两不同方向车辆间的冲突不一样，故在信号灯的配置、信号灯头的面对方向、停止线位置与画法及信号控制方式上同普通平面交叉口均有所不同。有些环形交叉口的交织距离较短，则建议采用螺旋线。本条对此以图 5.4.1 作了说明。图 5.4.1 只是十字环形交叉口信号控制布设的方式，其他形式的环形交叉口信号控制布设方式应视具体情况而定。

5.4.2 为了减少环岛交通运行的复杂性，环岛内部不得向非机动车和行人开放。若环岛内部是广场之类的公共开放空间，建议行人和非机动车进入环岛内部采用立体过街的形式。

5.4.3 对于绕行车道较多的环岛，公交车实现左转时，需要进行两次变道交织。第一次变道需从最外侧绕行车道驶入最内侧绕行车道，第二次变道需从最内侧绕行车道驶入最外侧绕行车道。由于公交车的体积较大、速度相对较低，完成两次多车道换道与小汽车相比要困难得多，故建议进行公交线路规划时对绕行车道较多的环岛，应减少左转公共汽车线路的数量。

6 平面交叉口设计

6.1 一般规定

6.1.1~6.1.3 根据新建、改建和治理交叉口的不同条件和实施的可能性情况，分别对新建、改建和治理交叉口提出了不同的设计原则要求。

6.1.5 交叉口的设计不只是土木工程层面的平、纵、横设计，还应根据交通流通过交叉口的特性，综合考虑利用交叉口的时间和空间资源，结合交通管理方式，以交通流安全、通畅通过交叉口为目标，做好交通流的组织和交通标志、标线以及信号配时等方面的设计工作。

6.1.6 交叉口设计应体现上海大都市的形象，以人为本，充分考虑行人过街的方便程度和安全，同时考虑残疾人的通行，为残疾人使用和通行方便提供必要的条件。无障碍设计按现行国家标准《建筑与市政工程无障碍通用规范》GB 55019 执行。

6.2 平面交叉口布局设计

6.2.2 无信号控制交叉口平面布局应符合下列规定：

　　2 主要道路中央分隔带较宽，可为次要道路车流等待空档提供待行区。此时，次要道路上的车流是分为两步来穿行主要道路的。德国学者巫宁的研究成果证明，该做法可以提高次要道路车流的通行能力。设计示意图见图9。

6.2.3 中央墩位带可能会遮挡驾驶员的视线，需要做安全视距分析。受墩影响的驾驶员视距三角形见图10。在视距三角形范围内，墩宽应可能缩小，宜通透，并在交叉口上游布设限速标志。

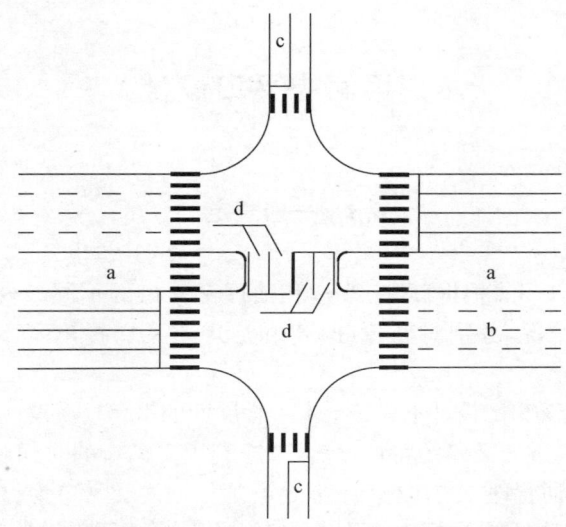

a—中央分隔带；b—主要道路；c—次要道路；d—次要道路车流待行区

图 9　无信号控制交叉口待行区示意

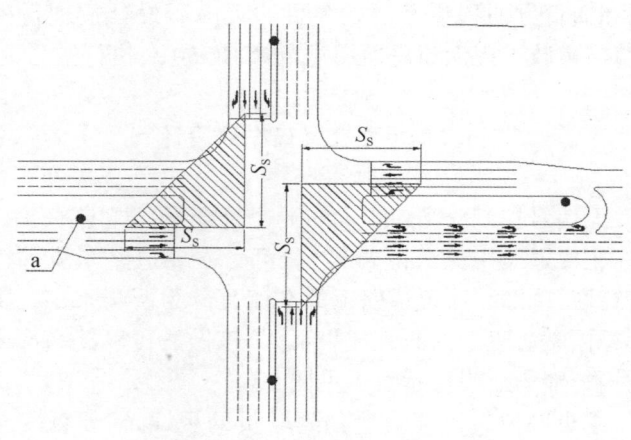

a—设限速标志

图 10　有中央墩位带影响的视距三角形图示

6.3 进出口道设计

6.3.2 考虑新建、改建和治理交叉口在增加进出口道的空间条件方面存在着差异,新建交叉口应满足本条规定,改建交叉口应尽可能做到,治理交叉口应创造条件达到,并应从交通管理方面采取措施。

6.3.3 由于交通流驶入交叉口进道,其车速较路段明显降低;同时,为防止车辆在进口道内因车道宽度冗余度过大而发生抢道现象,车道宽度应减窄,具体采用的尺寸还取决于车型的比例。考虑市中心区小车比例较大,进口道车道宽度可靠近下限取值;相反,城市边缘或外围地区的机动车交通流中大车构成比例一般较高,且车速较大,进口道车道宽度应靠近上限取值。同时,还考虑治理交叉口的实际情况,进口道宽度再适当减小。

6.3.4 由于左转车流与对向直行车流、右转机动车与同进口道的直行非机动车交通流之间易产生冲突,所以为了在管理上采取最佳组合控制措施,交叉口设计阶段应考虑不同流向分道行驶,但同时应注意不同流向的流量在时间分布上的动态性,避免不当的车道功能划分。关于左转车道设置条件,关键取决于绿灯信号末期能够通过的交叉口内待行的左转车辆数,可视交叉口内的存车和信号控制条件适当地放宽。交叉口信号周期是根据本标准第8.5节确定的。

6.3.5 当交叉口交通需求随时间波动较大时,固定的进口道功能划分不能使交叉口的空间资源得到充分利用。设置可变进口道有利于解决此问题,提高交叉口的资源利用效率,并且需要结合相应的标志标线,以有效地传达此信息。

6.3.6 从交通流通行的习惯和平顺性考虑,展宽增加的左转或右转车道应向相应的方向偏移。若确实受到条件的限制,拓宽相反方向增加左右转车道也是可以的,但应增加相应的渠化标线,引导不同流向的交通流进入相应的车道(如采用条文第 6.10.2 条中给出的"鱼肚形"导向标线)。

6.3.7 治理交叉口最小进口道长度,是由 2 辆～4 辆车的停车位和最小的渐变段所组成,应予以满足。另外,当港湾式车站离向右拓展的进口道端部很近时,应将二者作一体化设计,既可使得道路线形平顺,又有利于交通流顺畅通行。

6.3.8 为了确保交叉口流出交通的通畅性,有必要设计出口道的车道数适应于流入交通流的车道数。一般情况下,出口道的车道数至少等于进口道的直行车道数;当相交道路汇入交通量较大时,出口道的车道数应作相应的增加。

6.3.10 受高架道路、地道或互通立交匝道的影响时,干路平面交叉口进出口道设计应符合下列规定:

1 出口匝道设置在进口道最内侧,地面道路左转车流量较大时,为了防止短距离内交织强度过大影响进口道通行能力,可将地面道路左转车道设置在匝道出口的右侧,并必须配以左转专用相位,见图 11。

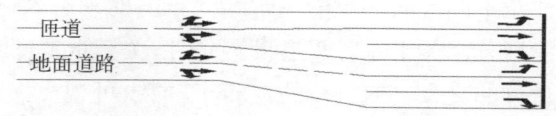

图 11 出口匝道靠近交叉口时车道功能划分方式示意

2 右转车与左转车导流线示意见图 12。

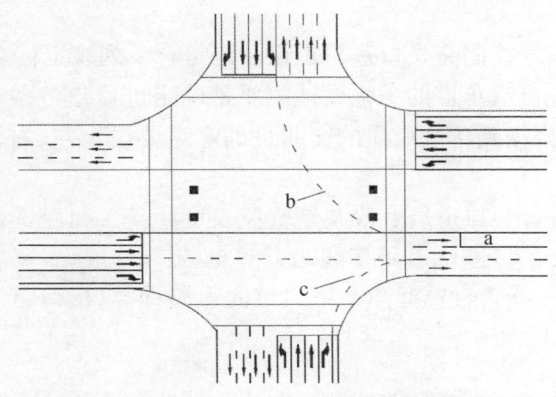

a—入口匝道；b—左转车导流线；c—右转车导流线

图 12 入口匝道在出口道附近时的导流线示意

6.4 信号控制交叉口设计

6.4.1 信号控制交叉口设计应符合下列规定：

1 常规双向通行信号控制交叉口除交叉口通用设计内容外，还有交叉口采用信号控制后有关交通组织分配各种交通流通行空间与时间所需的特有设计内容。

2 信号控制交叉口平面设计，关键是配合信号控制方案组织分配各交通流的通行时间与通行空间，确定交叉口进、出口道的布置与渠化方案。因此，信号控制交叉口平面设计必须同信号控制方案同步进行。

3 交叉口的时空资源由相交道路几个方向的车流共享，对某一进口道的车流而言，能获得的通行时间往往不及上游路段的一半，如果损失的时间资源不能通过拓宽交叉口进口道宽度、增加进口车道数来弥补，交叉口进口道将成为整个路网通行能力的瓶颈。为了提高整个路网的通行效率，消除路网通行能力的瓶颈，必须尽量提高进口道通行能力，使之与上游路段通行能力相匹配。

6.4.2 信号控制交叉口进口道设计应符合下列规定：

1 进口道车道的渠化设计主要是确定进口道各条车道的功能。本条根据到达进口道的交通量确定需要设置左、右转专用车道的条件。

2 进(出)口道展宽段及渐变段长度距交叉口距离的计算起点，应以交叉口进口道停车线为计算起点(出口道展宽段以对向进口道停车线为计算起点)，进口道向上游计算(出口道向下游计算)，如图13所示。

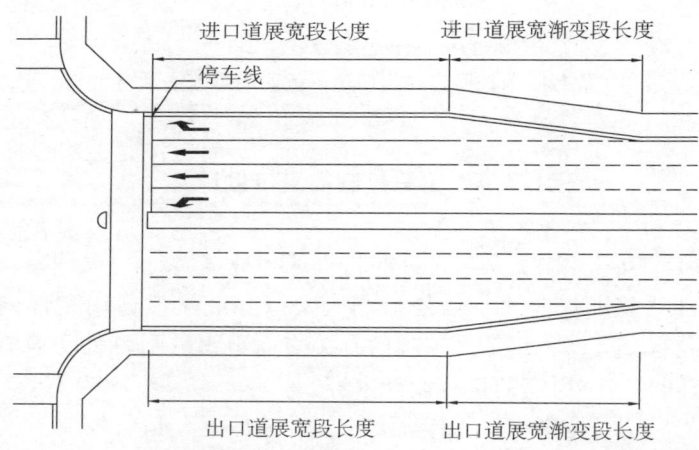

图13 进(出)口道展宽段及渐变段长度距交叉口距离的计算起点

6.4.3 为了确保驶出交叉口车流的畅通，信号控制交叉口出口道设计有必要规划出口道的车道数能适应于驶入交通流的车道数。一般情况下，出口道的车道数至少等于上游进口道的直行车道数；当相交道路的右转交通量较大、相交道路设有右转专用车道时，相应出口道也应增加右转出口车道。另外，还需考虑出口道处布设港湾式车站所需的宽度。

6.5 无信号控制交叉口设计

6.5.1~6.5.3 无信号控制交叉口除平面交叉口设计通用内容外，还有按各类无信号控制交叉口交通组织特点所需的无信号控制交叉口特有的设计内容。交叉口的相交道路中，等级较高或交通量较大的道路称为主要道路；等级较低或交通量较小的道路称为次要道路。

6.5.4 用导流三角岛及连续式中央分隔带来引导进出支路的右转车辆行驶路线，并阻挡从支路出来的直行车辆及左转车辆。

6.6 交叉口内部空间渠化设计及交通岛设置

6.6.1 平面交叉口应利用交通渠化理顺各种交通流，使其各行其道，从而达到畅通和安全的目的。

6.6.2 交叉口范围内应尽量疏导车辆在一定的行车轨迹范围内行驶，以避免车辆随意行驶而造成交叉口交通混乱引起交通堵塞和交通事故。因此，应用标线和导流岛加以渠化。为了保证车辆在交叉口范围内行驶的安全，应将一些交通流限制在一定的行驶轨迹内，并且尽可能将某两条交通流的冲突区域缩小，特别是车辆进入交叉口范围内其行车轨迹需要或有可能发生变化时，应用交通标线划定车辆导行线。因此，规定了改变中心线设左转弯车道的平面交叉路口、有中间分隔带的平面交叉路口、多路交叉的平面交叉口及畸形交叉路口应设左转导流标线。另外，当交叉口范围较大、行车轨迹发生变化时，也应对直行车道划导流标线。直行待行区可设置在高架下、下穿隧道上及中央分隔带较宽的平面交叉口。当相交道路存在左转专用相位时，可按图 6.6.2 设置直行待行区；当相交道路不存在左转相位时，直行待行区的设置不能影响相交道路直行车和左转车的通行。

6.6.3 交通岛的设置位置应能让车辆驾驶员在行驶中提前清楚

地观察到，以避免车辆冲撞，因此要求平纵线形及停车视距应满足有关设计规范的规定。另外，由于导流岛的设置未必完全合理，最好通过实施一阶段后，对导流岛外部轮廓线进行调整，使之更加符合行车轨迹，然后再做成永久性的实体构筑物。

6.7 公共汽(电)车专用进出口道设计

6.7.1 公共汽(电)车专用进口道处的设置应符合下列规定：

2 公共汽(电)车专用进口道的设置形式有多种，这里公共汽(电)车专用道直接延伸至交叉口成为公共汽(电)车专用进口道只是交叉口设置公共汽(电)车专用进口道的形式之一。

3 公共汽(电)车专用车道的设置可以视情况因地制宜地在部分路段、进出口道灵活设置，也可以分时段设置，并非必须是全线连续。公共汽(电)车专用进口道通常以直行公共汽(电)车为主，当转向公共汽(电)车在公交流量中占较大比例时，交叉口应增加公共汽(电)车转向优先道，以提高公共汽(电)车的通过能力。转向优先道指在高峰时间对公共汽(电)车的优先，其他机动车也可使用该车道，但应在公共汽(电)车后排队等候。

6.7.3 在机动车道外侧的公共汽(电)车专用出口道起点的设置，应考虑相交道路右转车进入非公共汽(电)车专用车道所需的行驶距离，右转车行驶距离随交叉口的尺寸变化而变化，在实际确定起点位置时可根据交叉口尺寸设定。

6.8 公交中途站与出租车候车站设计

6.8.1 交叉口附近设置公交中途站，应充分注意处理好方便乘客和降低公交中途站对交叉口通行能力影响的关系，不应片面地追求某一方的要求。

6.8.3 当公交中途站设在出口道附近时，不应影响流出交通流的正常减速变车道的要求。当实际条件不能满足本标准要求的公交中途站离开停车线的最小距离时,应按实际情况进行验算。

6.8.5 港湾式中途站的布设应符合下列规定:

1 港湾式中途站应以满足行人、非机动车、机动车通行的基本要求为原则,本款给出的港湾式中途站尺寸为基本几何尺寸,对于不同的道路断面,可根据交叉口条件作相应的调整。

6.8.6 快速公交停靠站设计的应符合下列规定:

1 快速公交与常规公交的车型、速度不同,二者需分开设站;快速公交因车辆型号以及系统差异,对停靠站的几何尺寸以及设站位置要求不同,因此,快速公交的站台应根据其线路所处车道的位置及车辆选型确定。

3 根据快速公交站台宽度的规定,布设在中央分隔带两侧车道上的快速公交车停靠站采用港湾式站台时,左侧式港湾式站台的设置可参照图14,右侧式港湾式站台的设置可参照图15。公交车到站车数小于站台通行能力,考虑采用直线式中途站时,左侧直线式站台的设置可参照图16,右侧直线式站台的设置可参照图17。

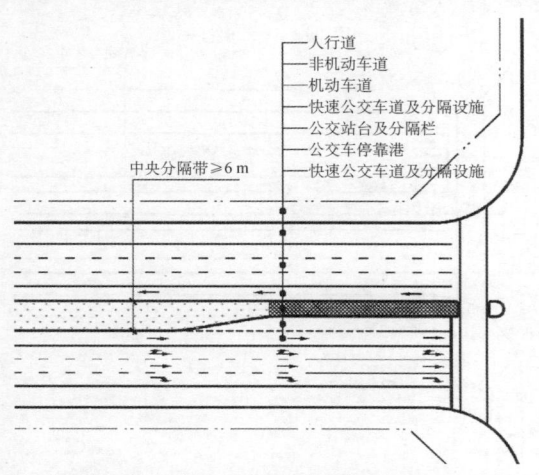

图14 布设在中央分隔带左侧港湾式站台示意(单向设站)

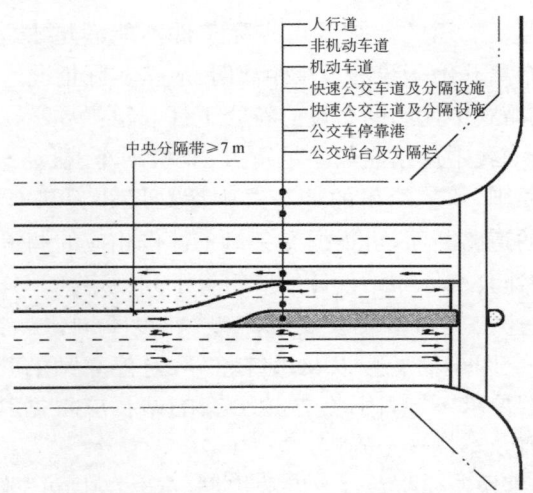

图 15 布设在中央分隔带右侧港湾式站台示意

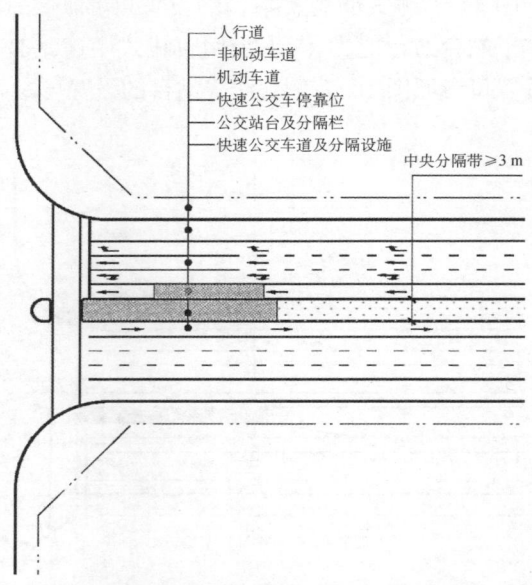

图 16 布设在中央分隔带左侧直线式站台示意(单向设站)

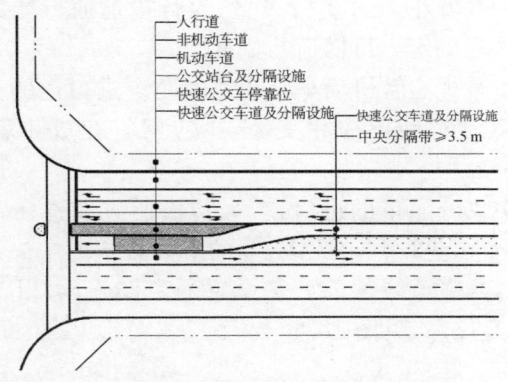

图 17 布设在中央分隔带右侧直线式站台示意

6.8.7 多条公共汽(电)车线路合并设站时的几点规定：公交站台停靠的公交线路和车辆数超过一定的限度后，将对公交车的进出站台停靠及乘客的乘降和候车产生负面影响，造成车辆运行受阻、乘客乘降不便，有必要对中途站的停靠泊位数和停靠公交线路数加以限制。参考北京市地方标准《公共汽电车站台规范》DB 11/T 650—2016 并结合上海实际经验，给出了适宜的一个站台停车泊位数、线路数和分开设站时的站台总数、站台间的最小间距。特殊情况下，可根据停靠公交线路的实际到站频率确定合理的线路数。

6.9 行人及非机动车过街设计

6.9.1 人行横道的设置应符合下列规定：

1 人行横道与车行道垂直，可缩短行人过街的步行距离；当人行横道过长(大于 16 m)时，为了缩短行人过街时间，确保过街行人安全，体现以人为本的宗旨，应在过街横道中间设置行人安全岛，其宽度至少 1.5 m。

2 利用高峰小时过街行人量、人行横道通行能力以及行人绿灯时间,可以确定人行横道的宽度。

3 为了减少右转机动车对相邻的两个进口道的行人过街交通的影响,其横道线不应相交,至少应留有存放 1 辆右转车的空间。

4 有中央分隔带的进口道,人行横道应设置在中央分隔带端部后退 1.0 m～2.0 m(见图 18 的 d 部分),或中央分隔带应满足于此设计,且横道线的前后须设置隔离设施,可以为行人过街驻足提供安全保障,见图 18。

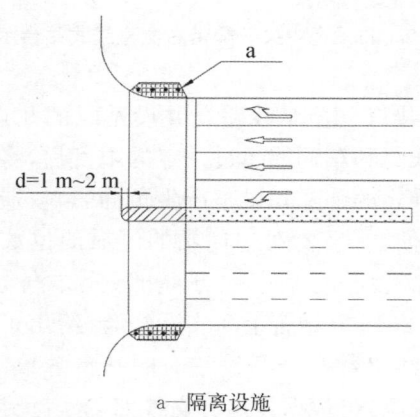

a—隔离设施

图 18 人行横道前后设置隔离设施示意

6.9.4 环形交叉口平面过街行人与车辆冲突严重,一般适用于过街行人交通量不大的交叉口,人行横道位置宜结合交通岛设置;当过街行人交通量较大时,可采用定时信号控制或按钮信号控制。

6.9.5 为了确保行人、非机动车通过交叉口的安全性、舒适性和便捷性,避免由于高差、障碍物引起的不便和隐患,应在人行道或交通岛交界处做成无障碍缓坡,且坡道不应有高差,不得有任何阻碍行人行走的障碍物。

6.9.6 为了确保行人交通的安全,防止机动车或非机动车随意驶上人行道,避免行人任意横穿道路,在人行横道和必要的道路进出口以外的地方,可沿人行道缘石设置绿化带或美观的分隔栏。

6.9.7 为了确保行人在中央安全岛等待时的安全,防止车辆驶入中央安全岛,应在安全岛靠交叉口中心一侧的岛端设保护岛,保护岛迎车面应设置反光装置。当中央设置安全岛时,左转车的转弯半径一般会比不设岛大,因此必须注意避免保护岛影响左转车辆的正常行驶轨迹。

6.9.8 过街行人量较大、行人过街安全岛宽度受限时,将安全岛两侧人行横道岔开设置可以增加行人等待区面积。

6.9.10 由于客观上左转非机动车常驶至对向进口道人行横道附近待行,因此,为了减少左转非机动车与同向和对向直行机动车、非机动车交通流的冲突,提高交叉口的通行能力和交通安全性,应尽可能利用或创造条件使得非机动车左转交通流两次过街。左转待行区见图19。

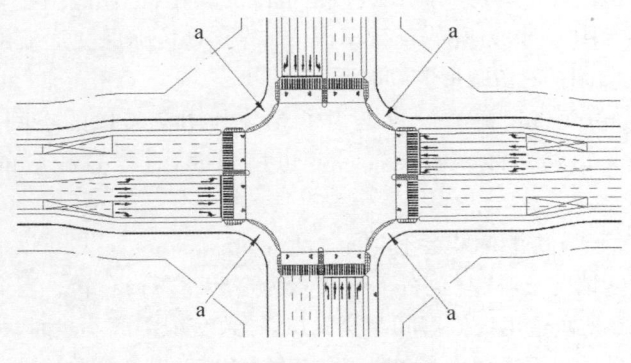

a—左转非机动车待行区

图19 平面交叉口左转非机动车待行区示意

6.10 平面交叉口标线与标志设计

6.10.1 参照现行国家标准《道路交通标志和标线》GB 5768 将平面交叉口路面标线按设置位置分为两类。

1 交叉口出入部分的路面标线：在交叉口出入部分，按需要应设置车行道分界线、导向车道线、车行道导向箭头、左(右)转弯导向线等各种地面标线。

2 交叉口内的路面标线：交叉口内是指停车线内侧的交叉口区域。在交叉口内按需要应设置停车线、停车让行线、减速让行线、人行横道线、非机动车禁驶区线、中心圈、左弯待转区、导流线等标线。

6.10.2 平面交叉口出入部分的路面标线设计应符合下列规定：

1～5 当交叉口进口道无固定中心隔离而采用交通标线渠化拓宽车道或车道功能发生变化时，为了防止车辆在变换车道时与对向车道相向行驶的车辆相撞，采用了"过渡区"标线对其交通流加以渠化；另外，针对车道功能在进口道范围的变化，把左侧中心车道改为左转专用道时，为避免直行车误入左转车道，确保交通流的安全与畅通，给出了"鱼肚形"导向标线。

6 可变进口道的设置是为了充分利用交叉口的空间资源，提高交叉口通行效率。设置可变进口道时，宜设置相应的地面标线。

9 车道功能标线会有以下情形：

正常情况下，从左至右车道布置为左转、直行、右转。当交叉口上游有高架匝道出口或短间距交叉口，导致交织距离不足时，可根据实际情况采用不规则车道布置，并应设置相应的车道指示标志。

可变车道除了利用可变信息板显示车道功能变化之外，还可以根据实际情况对可变车道设置路面标线，见图20。

6.10.3 平面交叉口内的路面标线应符合下列规定：

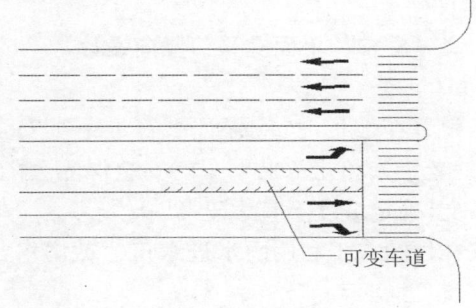

图20 可变车道路面标线示意

2 关于停车线位置,并不是越靠近交叉口方向设置越有利于减少通行时间损失,也就是说交叉口范围并不是越小越好,应在合理布置行人、非机动车和机动车通行空间及其轨迹,确保各类交通流通畅、安全的前提下,设置停车线。

6.10.4 参照现行国家标准《道路交通标志和标线》GB 5768,交通标志按作用分为两类:

1 主标志:包括警告标志、禁令标志、指示标志、指路标志、旅游区标志、作业区标志和告示标志。

2 辅助标志:附设在主标志下,对其进行辅助说明的标志。

6.10.6 信息不足将使得必要的交通管理信息不能有效传达,信息过载会导致交通参与者接受及处理交通信息的负荷过大。信息不足或信息过载都将对平面交叉口交通安全产生负面影响。平面交叉口范围内设置交通标志应考虑交通参与者信息接受能力,合理选择交通标志类型,科学确定标志数量。

6.10.7 "多牌合一""多杆合一"对规范交叉口交通标志设置、美化交叉口通行环境均有积极作用。在不影响交通标志视认效果的前提下,平面交叉口交通标志的设计及设置应遵循尽可能减少标牌、标杆数量的原则。

6.12 平面交叉口竖向设计

6.12.3 站点设置在坡道时,应保证乘客上下车安全,坡度过大时,乘客尤其是老年人和儿童上下车的安全保障会随之降低。结合相关规范条文,确定坡度不宜大于2%。

6.12.5 该条文目的在于利用雨水进水口拦截雨水,防止积压在人行横道上。

6.17 平面交叉口静稳化设计

6.17.1 为创造良好的居住环境,保障交通安全,居住地块密集地区应进行静稳化设计。

6.17.2 在路口保持人行道铺装与标高连续,通过抬高或斜坡形式保证人行顺畅。

6.17.4 采用粗糙的路面材料或人行道铺装,可以引导机动车降低车速,增加步行的连续和舒适性。交叉口抬高是指在交叉口范围内使车行路面与路侧人行道标高一致或接近,以此降低机动车通过交叉口的车速,保障过街行人的安全性和便捷性。

6.17.5 交通静稳化设计常用的措施分非物理措施和物理措施,两类措施图例见表4。

表4 交通静稳化措施

交通静稳化措施	具体措施	图例
非物理措施	路面铺装材质、纹理变化	视觉障碍标线示例
	路面铺装颜色变化	
	视觉障碍标线	

续表4

交通静稳化措施	具体措施	图例
物理措施	橡胶减速垄	
	减速路拱	
	减速丘	
	人行横道减速台	
	环岛	
	蛇行道路	

续表4

交通静稳化措施	具体措施	图例
非物理措施	混合路面铺装	
	道路宽度收窄	

1 居住地块内部平面交叉口常用的非物理交通静稳化措施可结合实际情况选用。

1）路面铺装材质、纹理变化

在需要减速或引起注意的交叉口，可以运用路面铺装材质和纹理的变化，促使机动车驾驶员降低车速。

2）路面铺装颜色变化

在需要减速或引起注意的交叉口，可以运用路面铺装颜色的变化提醒机动车驾驶员降低车速。

3）视觉障碍标线

在需要减速的交叉口，可通过施划视觉障碍标线，使驾驶员产生路面变窄的错觉，促使其降低车速，见图21。

2 居住地块内部平面交叉口常用的物理交通静稳化措施可结合实际情况选用。

1）橡胶减速丘

橡胶减速丘可设置在居住地块出入口和其他需要减速的交叉口，并且应符合现行行业标准《橡胶减速丘》GAT 487 的规定。

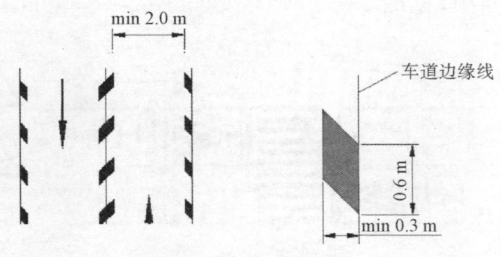

图 21　视觉障碍标线

2）减速丘

减速丘为设置在居住地块出入口和居住地块内部其他需要减速的交叉口处、顶部呈抛物面状的凸起障碍物，用于降低车辆行驶车速。其负面作用是降低行驶舒适度，以及对高速行驶的小型车辆可能造成较大的影响。因此，必须在减速丘前方设置警告标志，见图 22。

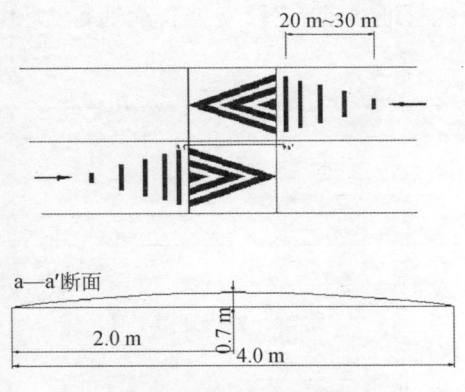

图 22　减速丘设计实例

3）人行横道减速台

将进口道的人行横道与减速丘结合在一起的减速设施，用于需要在人行横道前减速的居住地块通道。必须与相关警告标志和标线结合使用,见图 23。

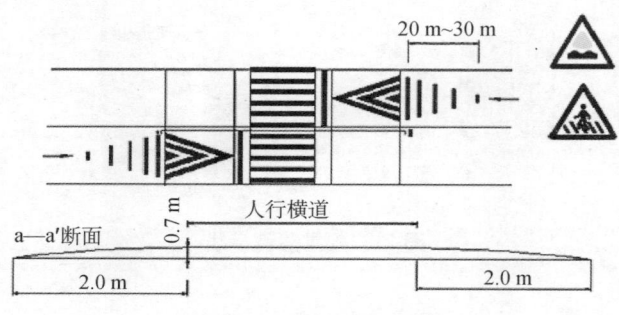

图 23　人行横道减速台

4) 环岛

居住地块内部的全无控制交叉口,可采用环岛进行控制。

5) 蛇行道路

通过人为设置蛇行通道,降低车辆在交叉口进出口道的运行车速。在进入蛇行通道前,应设立警告交通标志和限速标志,见图 24。

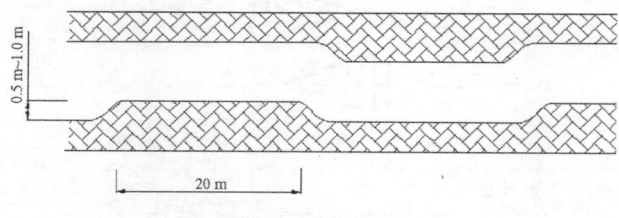

图 24　蛇行通道

6) 混合路面铺装

在整个交叉口或者人行横道使用不同于机动车道的铺路材料,降低车辆在进出口道的行驶车速,见图 25。

7) 道路宽度收窄

在交叉口进出口道的一侧或两侧设置物理障碍,缩减通道或

图 25　混合路面铺装

车道宽度,降低车辆行驶车速。为防止对机动车行驶造成危险,必须配合警告标志和标线使用,见图 26。机动车和非机动车处于同一平面的通道不宜使用。缩减的通道宽度可以用于路内临时停车。

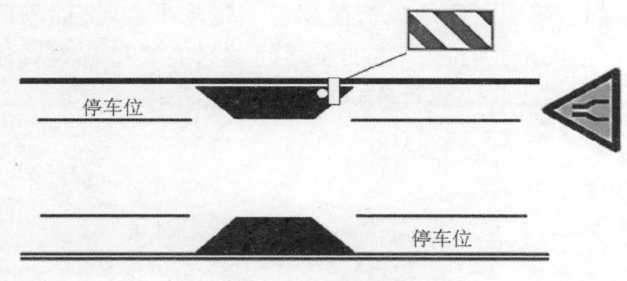

图 26　道路宽度收窄

8）三角岛

主干路与支Ⅱ道路相交的平面交叉口,可通过设置三角岛减少支路车流对主线交通的影响。在汇入主线车流与进入支路前,应设置警告交通标志和限速标志,见图 27。

交通静稳化措施存在一些负面效应,如通行能力下降、妨碍排水、减速丘和减速台增大噪声等负面作用,并且可能会引发部

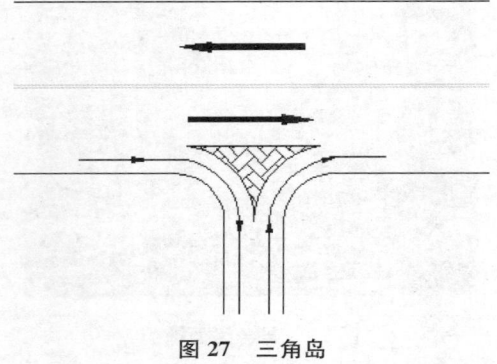

图 27 三角岛

分居民的不满。因此,在设立永久性交通静稳化设施之前,可先设置临时性设施,实际运行一段时间后观察实施效果。在实施静稳化措施前后,应做好宣传和说明工作。

采用交通静稳化手段后,会不同程度降低交叉口车道的通行能力。因此,当居民区通道流量超过一定水平后,交通静稳化手段将不再适用。此时所产生的交通问题只能通过改善居住地块通道网络布局或改变功能来解决。

7 平面交叉口交通管理设施及附属设施设计

7.1 一般规定

7.1.2 为了保证交叉口设计的合理性,以达到安全和畅通的目的,交叉口的设计应是道路工程设计和交通工程设计的统一,应同步设计。

附属设施的布置不能影响交通安全和畅通。例如:交通岛的布置应有利于行车顺畅,达到交通渠化的目的,不能布置在行车轨迹线上;照明设计应达到国家标准规定的照度,但又不能造成驾驶员的眩目;绿化布置在交叉口范围内不能影响行车轨迹,不能影响行人走路和过街,不能遮挡交通标志和信号灯,在视距三角形范围内不能种植高于 1.0 m 的绿化等。

7.2 交通管理设施设计

7.2.4 若交叉口范围大于 50 m,规定每一机动车信号灯应安装 2 组信号灯,一组面向交叉口,作为对向进口道的远灯,一组背向交叉口,作为本进口道的近灯,以防前面停止的大车遮挡后面小车的视线。图 28 中黑点为灯杆的设置位置,图 29 为左图中较大黑点处灯杆设置的详细示意图。

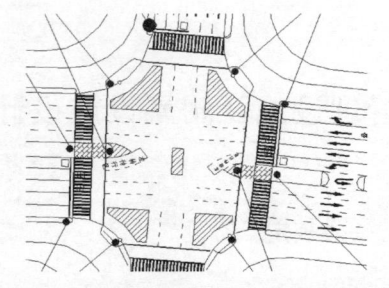
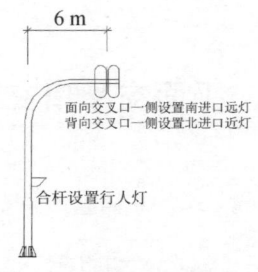

图 28 信号灯在交叉口的设置位置示意　　图 29 远近灯设置示意

7.2.5 行人过街信号灯设置见图 30。

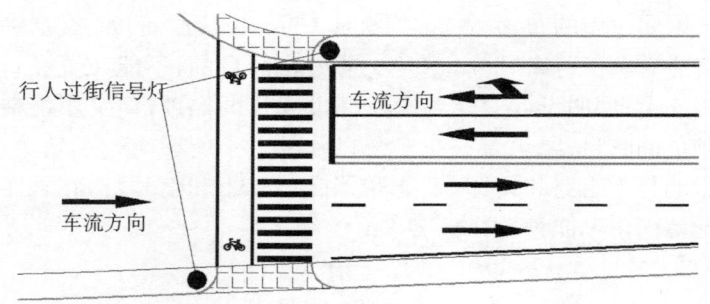

图 30 行人过街信号灯设置示意

7.3 道路交叉口绿化及附属设施设计

7.3.1 非交通功能也是平面交叉口功能的一部分。在进行平面交叉口设计过程中,应考虑其景观设计、绿化设计,部分交叉口还需考虑交叉口的安防功能。

7.3.6 为使驾驶员也能看到身材矮小的儿童,故规定了视距三角形内及停车视距范围内的绿化高度。

7.3.7 为使驾驶员能辨认出前方交叉口并进一步明确前方交叉口的情况,故规定了交叉口的照明标准不能够低于相交道路。

8 平面交叉口交通信号配时设计

8.1 定时交通信号配时设计的内容与程序

8.1.3 新建交叉口由于无流量、流向资料,无法按本标准第8.1.2条的设计程序进行配时时,应先采用试用方案,然后跟踪调查交通流量,待流量稳定后,再根据实测流量进行配时。

8.2 定时交通信号配时设计的时段划分

8.2.1 交叉口交通量按时变规律变化,为使信号配时能适应各时段的不同交通量,以提高交叉口通车服务水平,信号配时应按不同时段的不同交通量设计。

8.3 定时交通信号配时设计的设计交通量

8.3.2 高峰小时系数是高峰小时交通量与该小时内最高15 min流率之比,即

$$PHF = \frac{Q}{4 \times Q_{15}} \tag{7}$$

无最高15 min流率实测数据时,PHF可取0.75~0.8,主要进口道取小值,次要进口道取大值。

8.4 交通信号相位设定

8.4.1 在设定信号相位之前,需先设定初始试算周期时长。用

此周期时长试算第一轮计算周期时长,再用第一轮周期时长计算第二轮周期时长,直至最后两轮计算的周期时长误差小于3%时,才可作为最佳周期时长。为缩短试算次数,建议初始周期时长可取 60 s～90 s,新建设计取小值,改建设计取中值,治理设计取大值。

8.5　信号周期时长

8.5.1　考虑到信号配时设计交通量,取用了各配时时段中高峰小时最高 15 min 流率计算的小时流量,因此,最佳周期时长的计算选用了式(8.5.1)的计算。

8.7　最短绿灯时间

8.7.1,8.7.2　当行人过街信号兼用同向的车辆信号时,通车的绿灯时间必须兼顾行人过街所需的绿灯时间。因此,把行人过街所需绿灯时间看作车辆信号的最短绿灯时间。如果行人安全岛面积能够满足绿灯末期过街行人的驻足要求,则可将行人过街最短绿灯时间缩短为行人由路缘石至安全岛的时间,否则仍然以行人原来的过街时间作为车辆信号的最短绿灯时间。当通车所需绿灯时间小于行人过街所需绿灯时间时,应以行人过街所需绿灯时间作为设计绿灯时间,同时应相应延长计算周期时长,并重新再做配时计算。参考现行国家标准《城市道路交叉口规划规范》GB 50647,将式(8.7.1)中的行人过街步速降至 1.0 m/s。

8.8　服务水平评估

8.8.1,8.8.2　交叉口服务水平的评估是对设计交叉口及信号配时的综合评估,或对原有交叉口作运行评价。考虑到延误是一个能够综合反映交叉口的几何设计与信号配时优劣的指标,故选用延误作为交叉口服务水平的评价指标。延误的计算,在理论上是一个相当复杂的问题,各国(学者)研究颇多。美国、日本等还在有关规程、指南(如美国的《道路通行能力手册(HCM)》)中规定了作为交叉口评价指标的延误估算方法。我国尚未有类似的规定。美国 HCM.1997 版本的估算方法比较完整,但过于繁杂。因此,暂先选用按 HCM 方法加以简化的估算方法。

下面做一新建交叉口的进口道渠化与信号配时设计算例,以供参考。

1 交叉口基本道路条件

交叉口为主干路与主干路相交的十字形交叉口,道路红线均为 40 m,非机动车道宽 5.5 m。其他道路条件满足本标准中的规划要求。

2 交叉口基本交通条件

(1)预测通车时交叉口各流向高峰时段高峰小时 Q_{mn}(直行车大车率:东西路 4%,南北路 2%;左、右转大车率为 0)、直行车选用直左混行车道的比率为 30%、最高 15 min 流率换算的小时交通量 q_{dm}(PHF 取 0.75)见表 5。

表5 交叉口各流向机动车小时交通量

进口道		Q_{mn}(pcu/h)	大车率(%)	q_{dm}(pcu/h)
西进口	直行	555	4	740
	左转	124	0	166
	右转	64	0	86
总计		743	—	992
东进口	直行	574	4	766
	左转	187	0	250
	右转	120	0	160
总计		881	—	1 176

续表5

进口道		Q_{mn}(pcu/h)	大车率(%)	q_{dm}(pcu/h)
北进口	直行	486	2	648
	左转	46	0	62
	右转	58	0	78
总计		590	—	788
南进口	直行	570	2	760
	左转	64	0	86
	右转	61	0	82
总计		695		928

（2）预测高峰时段高峰小时非机动车交通量 Q_{mn}（估计左转率北进口为 25%，其他进口为 10%；右转率均为 15%）、最高 15 min 交通量的平均流率（PHF 取 0.75）见表6。

表6 交叉口各流向非机动车小时交通量

进口道	Q_{mn}(辆/h)	平均流率(辆/min)
西进口	1 260	28
东进口	1 350	30
北进口	900	20
南进口	1 215	27

（3）估计各向行人流量为 600 人/h，行人过街最短绿灯时间为 18 s。

3 渠化设计与信号配时

第一次试算：根据机动车流量，初步划分进口车道功能（见图31），初定信号相位为三相位（见图32）：①东西向双向左转专用相位；②东西向基本相位；③南北向基本相位。取初始周期时长 C_0 为 60 s，计算总损失时间 $L=3(L_S+I-A)=3(3+3-3)=$

9 s,总有效绿灯时间 $G_e=C_0-L=60-9=51$ s,按本标准第 7 章和附录 B 中的计算过程计算,结果列于表 7~表 9。计算结果出现总流量比 Y 大于 1 的情况,说明进口车道还太少,通行能力无法满足实际流量的需求,需重新设计。

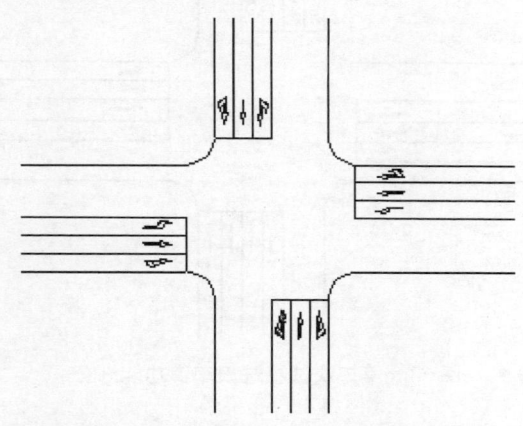

图 31　第一次试算进口车道功能划分

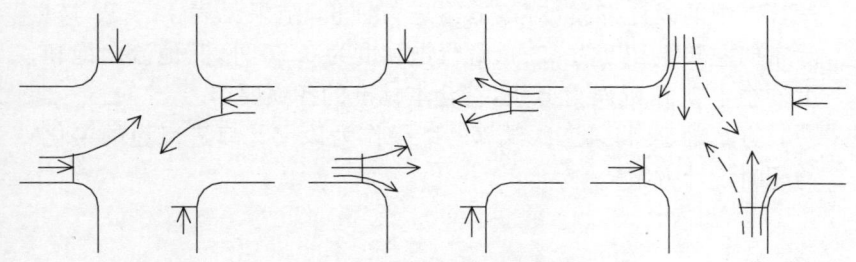

图 32　第一次试算初定信号相位

第二次试算:增加进口车道,重新划分车道功能(见图 33),仍定信号相位为三相位(同上),取初始周期时长为 60 s。按本标准第 7 章和附录 B 中的计算过程计算,结果列于表 10~表 12。从计算结果看,计算周期时长偏小,各向的绿灯时间无法满足行人过街所需的最短时间,需扩大周期时长。

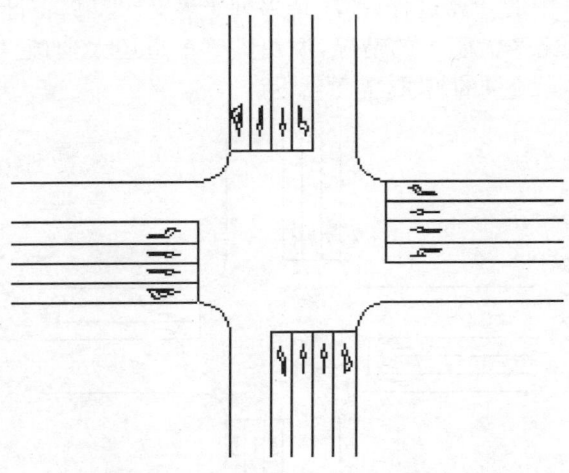

图 33 第二次试算进口车道功能划分

第三次试算:按最短绿灯时间的要求,计算得总有效绿灯时间为 48 s,周期时长为 48+9=57 s,定计算周期时长为 60 s,保持试算二中的设计方案,对该方案进行评价,结果见表 14~表 16。除东向左转饱和度为 0.81、直行饱和度为 0.76 外,其他流向饱和度均小于 0.7,延误为 B 级,符合本标准的各项要求。

方案确定:将第三次试算的结果作为该交叉口进口道的渠化与配时设计方案。

表7 交通信号配时设计计算表

交叉口：_____　　初始周期时长：60 s　　计算周期时长：_____

进口道	车道	车道数	设计交通量 q_d			每周期转弯车数	车道渠化方案	信号相位方案	设计饱和流量 S_d	流量比 q_d/S_d	最大流量比	流量比总和 Y	总损失时间 L	周期时长 C	总有效绿灯时间 G_e	有效绿灯时长 g_e	绿信比 λ	显示绿灯时间 g	最短绿灯时间 g_{min}
			Q_{15}	$4\times Q_{15}$															
			Q	PHF															
			8.3.2			8.4.3				8.5.4			8.5.2	8.5.1	8.6.1	8.6.2	8.6.3	8.6.4	8.7.1
西	左			166		3	1	东→ 西←	1 550	0.107									
	直左																		
	直			740			1		1 584	0.275	0.161								
	直右						1		1 512	0.259									
	右			86								1.275	9						
东	左			250		4	1	东→ 西←	1 550	0.161									
	直左																		
	直			766			1		1 584	0.307	0.307								
	直右						1		1 461	0.301									
	右			160															

续表 7

进口道	车道	车道数	设计交通量 q_d			每周期转弯车数	车道渠化方案	信号相位方案	设计饱和流量 S_d	流量比 y q_d/S_d	最大流量比	流量比总和 Y	总损失时间 L	周期时长 C	总有效绿灯时间 G_e	有效绿灯时长 g_e	绿信比 λ	显示绿灯时间 g	最短绿灯时间 g_{min}
			Q	PHF	Q_{15}	$4\times Q_{15}$													
				8.3.2		8.4.3					8.5.4		8.5.2	8.5.1	8.6.1	8.6.2	8.6.3	8.6.4	8.7.1
北	左				62	1		北 ↑↑↑ 南 ↓↓↓				1.275	9						
	直左						1		416	0.610									
	直				648		1		1 342	0.210	0.807								
	直右						1		1 353	0.188									
	右				78														
南	左				86	1			389	0.807									
	直左						1		1 391	0.319									
	直				760		1		1 371	0.291									
	直右						1												
	右				82														

表 8 饱和流量校正系数表

交叉口：_____ 初始周期时长：60 s 计算周期时长：_____

进口道	车道	车道数	车道宽度校正		坡度及大车校正		直行车道非机动车校正			左转校正			右转校正				直左校正				直右校正				左右校正（三叉路）			
			W	f_W	$\dfrac{G+}{HV}$	f_g	B	β	$\dfrac{g_e}{\text{或}} \dfrac{G_e}{/j}$	$b_L f_b$	ξ	q_T 或 λ	$\dfrac{G_e/}{jC} f_L$	转弯校正		行人或非机动车干扰校正		q_T	q_L	K_L	f_{TL}	q_T	q_R	K_R	f_{TR}	q_L	q_R	K_R	f_{LR}
														r	f_r	f_{pb}												
			B 2.4-1		B 2.4-2		B 3					B 4		B 5				B 6				B 7				B 9			
西	左	1	3		1		1																						
	直左	1	3		1		1																						
	直	1	3		1		0.04	0.96						>15	1	0.84					305	86	1.22	0.96				
	直右	1	3		1		1																						
	右	1	3		1		1																						
东	左	1	3		1		1																						
	直左	1	3		1		1																						
	直	1	3		1		0.04	0.96						>15	1	0.83					279	160	1.23	0.92				
	直右	1	3		1		1																						
	右																												

续表 8

进口道	车道数		车道宽度校正	坡度及大车校正	直行车道非机动车校正			左转校正			右转校正			直左校正				直右校正					左右校正(三叉路)			
			$W f_W$	$\frac{G+HV}{f_g}$	B	β	g_e或G_e/j $b_L f_b$	ξ	$q_T G_e/jC$ 或λ f_L		转弯校正 r f_r		行人或非机动车干扰校正 f_{pb}	q_T q_L $K_L f_{TL}$				q_T q_R $K_R f_{TR} q_L$				q_R $K_R f_{LR}$			
			B.2.4-1	B.2.4-2	B.3				B.4				B.5	B.6				B.7				B.9			
北	左	1	3	1		1			0.51		760	0.28	0.15												
	直左	1	3	1	0.02	0.98	20	0.25	15	3.75	0.80														
	直	1	3	1		1												192	62	10.10	0.31				
	直右	1	3	1		1												176	78	0.97	1.01				
	右	1	3	1																					
南	左	1	3	1		1			0.51	648	0.28	0.21													
	直左	1	3	1		1			15	2.03	0.84				228	86	10	0.29							
	直	1	3	1	0.02	0.98	27	0.10				>15	1	0.80											
	直右	1	3	1		1						>15	1	0.84				317	82	1.07	0.99				
	右	1	3	1																					

交叉口：＿＿＿＿＿ 初始周期时长：＿＿＿＿＿ 60 s 计算周期时长：＿＿＿＿＿

表 9 饱和流量与通行能力计算表

进口车道	车道数	基本饱和流量 S_b (B.2.2)	车道宽度校正 f_W	坡度及大车校正 f_g	非机动车校正 f_b	左转校正 f_L	右转校正 转弯校正 f_r	右转校正 行人或非机动车干扰 f_{pb}	直左校正 f_{TL}	直右校正 f_{TR}	左右校正 f_{LR}	校正饱和流量 S_d ($S_b f_i(F)$)	绿信比 λ (8.6.3)	通行能力 CAP (λS_d)	饱和度 x	直左右车道通行能力 (B.8)	左右合用车道通行能力 (B.9)
西 左	1	1 550	1	1							1 550						
直左																	
直	1	1 650	1	0.96						1 584							
直右	1	1 584	1	1					0.96		1 512						
右	1	1 550	1	1			1	0.84			1 302						
东 左	1	1 550	1	1							1 550						
直左																	
直	1	1 650	1	0.96						1 584							
直右	1	1 584	1	1					0.92		1 461						
右	1	1 550	1	1			1	0.83			1 287						

续表9

进口道	车道数	车道	基本饱和流量 S_b B.2.2	车道宽度校正 f_w	坡度及大车校正 f_g	非机动车校正 f_b	左转校正 f_L	右转校正 转弯校正 f_r	右转校正 行人或非机动车干扰 f_{pb}	直左校正 f_{TL}	直右校正 f_{TR}	左右校正 f_{LR}	校正饱和流量 S_d $S_b \cdot f(F)$	绿信比 λ 8.6.3	通行能力 CAP λS_d	饱和度 x	直左右车道通行能力 B.8	左右合用车道通行能力 B.9
北	1	左	1 550	1	1		0.15					232						
	1	直左	1 342	1	1					0.31		416						
	1	直	1 650	1	0.98	0.80		1		1.01		1 294						
	1	直右	1 342	1	1							1 353						
	1	右	1 550	1	1			1	0.80			1 380						
南	1	左	1 550	1	1		0.21					325						
	1	直左	1 342	1	1					0.29		389						
	1	直	1 650	1	0.98	0.84		1		0.99		1 358						
	1	直右	1 391	1	1							1 371						
	1	右	1 550	1	1			1	0.84			1 302						

表 10 交通信号配时设计计算表

交叉口：＿＿＿＿＿ 初始周期时长：60 s 计算周期时长：＿＿＿＿＿

进口道	车道	车道数	设计交通量 q_d			车道渠化方案	信号相位方案	设计饱和流量 S_d	流量比 y q_d/S_d	最大流量比 S_d	流量比总和 Y	总损失时间 L	周期时长 C	总有效绿灯时间 G_e	有效绿灯时长 g_e	绿信比 λ	显示绿灯时间 g	最短绿灯时间 g_{min}
			Q	PHF	Q_{15}	$4\times Q_{15}$ 每周期转弯车数												
			8.3.2			8.4.3				8.5.4		8.5.2	8.5.1	8.6.1	8.6.2	8.6.3	8.6.4	8.7.1
西	左				166	3	1	东↑←西	1 550	0.107								
	直左																	
	直				740		2		1 584	0.180	0.161							
	直右						1		1 477	0.173								
	右				86													
东	左				250	4	1	东↑↑↑←←西	1 550	0.161		0.666	9	55.5	46.5			
	直左																	
	直				766		2		1 584	0.242	0.242					17	17	18
	直右															11	11	
	右				160		1		1 287	0.124								

续表 10

进口道	车道	车道数	设计交通量 q_d			每周期转弯车数	车道渠化方案	信号相位方案	设计饱和流量 S_d	流量比 y q_d/S_d	最大流量比	流量比总和 Y	总损失时间 L	周期时长 C	总有效绿灯时间 G_e	有效绿灯时长 g_e	绿信比 λ	显示绿灯时间 g	最短绿灯时间 g_{min}
			Q_{15}	$4\times Q_{15}$							8.5.4		8.5.2	8.5.1	8.6.1	8.6.2	8.6.3	8.6.4	8.7.1
			Q	PHF	Q_d														
			8.3.2			8.4.3													
北	左				62	1	1		239	0.260									
	直左																		
	直				648		2		1342	0.186	0.263	0.666	9	55.5	46.5	18.5		18.5	18
	直右						1		1353	0.166									
	右				78														
南	左				86	1	1		327	0.263									
	直左																		
	直				760		2		1391	0.209									
	直右						1		1361	0.192									
	右				82														

表 11 饱和流量校正系数表

交叉口：_____ 初始周期时长：_____ 计算周期时长：60 s

进口道	车道数	车道	车道宽度校正 $W\ f_W$	坡度及大车校正 $\frac{G+}{HV}\ f_g$	直行车道非机动车校正 $B\ \beta\ \frac{g_e}{\text{或}}\ \frac{G_e}{/j}\ b_L\ f_b$	左转校正 $q_T\ \xi\ \frac{\lambda\ \text{或}}{G_e/jC}\ f_L$	右转校正 转弯校正 $r\ f_r$	右转校正 行人或非机动车扰校正 f_{rb}	直左校正 $q_T\ q_L\ K_L\ f_{TL}$	直右校正 $q_T\ q_R\ K_R\ f_{TR}$	左右校正（三叉路）$q_L\ q_R\ K_R\ f_{LR}$
			B.2.4-1	B.2.4-2	B.3	B.4	B.5		B.6	B.7	B.9
西	左	1	1	1	1						
	直		1	1	0.96						
	直	2	1	1	1						
	直右		1	1	1		1	0.84		170 86 1.22 0.93	
	右	1	1	1	1						
东	左	1	1	1	1						
	直		1	1	0.96						
	直左	2	1	1	1						
	直		1	1	1		1	0.83			
	右	1	1	1	1						

续表11

进口道	车道数	车道宽度校正 $W f_W$ B.2.4-1	坡度及大车校正 $\frac{G+}{HV}$ f_g B.2.4-2	直行车道非机动车校正 B β B.3		$\frac{g_e}{j}$ 或 $\frac{G_e}{jC}$ b_L f_b		ξ	左转校正 q_T 或 $\frac{G_e}{jC}$ f_L B.4			右转校正 转弯校正 r f_r B.5		行人或非机动车干扰校正 f_{pb}	直左校正 q_T q_L K_L f_{TL} B.6				直右校正 q_T q_R K_R f_{TR} B.7				左右校正(三叉路) q_L q_R K_R f_{LR} B.9
北	左 1	1	1	1								0.51	760	0.283	0.15								
	直左 2	1	1	0.98		20	0.25	17	3.58	0.83													
	直 1	1	1	1																174	78	0.97	1.01
	右											1			0.89								
南	左 1	1	1	1				0.51	0.648	0.283	0.21												
	直左 2	1	1	0.98		27	0.10	17	1.94	0.86													
	直 1	1	1	1																180	82	1.07	0.98
	右											1			0.84								

表 12 饱和流量与通行能力计算表

初始周期时长：_____ 60 s 计算周期时长：_____

交叉口：_____

进口道	车道	车道数	基本饱和流量 S_b	车道宽度校正 f_W	坡度及大车校正 f_g	非机动车校正 f_b	左转校正 f_L	右转校正-转弯校正 f_r	右转校正-行人或非机动车干扰 f_{pb}	直左校正 f_{TL}	直右校正 f_{TR}	左右校正 f_{LR}	校正饱和流量 S_d	绿信比 λ	通行能力 CAP	饱和度 x	直左右车道通行能力	左右合用车道通行能力
			B.2.2										$S_b f(F)$		λS_d		B.8	B.9
西	左	1	1 550	1	1							1 550						
	直左																	
	直	2	1 650	1	0.96							1 584						
	直右	1	1 584	1						0.93		1 477						
	右																	
东	左	1	1 550	1	1							1 550						
	直左																	
	直	2	1 650	1	0.96							1 584						
	直右																	
	右	1	1 550	1	1		1	0.83				1 287						

续表12

进口道	车道数	车道	基本饱和流量 S_b	车道宽度校正 f_W	坡度及大车校正 f_g	非机动车校正 f_b	左转校正 f_L	右转校正 转弯校正 f_r	右转校正 行人或非机动车干扰 f_{pb}	直左校正 f_{TL}	直右校正 f_{TR}	左右校正 f_{LR}	校正饱和流量 S_d	绿信比 λ	通行能力 CAP	饱和度 x	直左右车道通行能力	左右合用车道通行能力
			B.2.2										$S_b f(F)$		λS_d		B.8	B.9
北	1	左	1 550	1	1		0.15					239						
		直左																
	2	直	1 650	1	0.98	0.83						1 342						
	1	直右	1 340	1						1.01		1 353						
		右																
南	1	左	1 550	1	1		0.21					327						
		直左																
	2	直	1 650	1	0.98	0.86						1 391						
	1	直右	1 391	1						0.98		1 362						
		右																

表 13 交通信号配时设计计算表

交叉口： _____ 初始周期时长： 60 s 计算周期时长： 60 s

进口道	车道	车道数	设计交通量 q_d			车道渠化方案	信号相位方案	设计饱和流量 S_d	流量比 y q_d/S_d	最大流量比	流量比总和 Y	总损失时间 L	周期时长 C	总有效绿灯时间 G_e	有效绿灯时长 g_e	绿信比 λ	显示绿灯时间 g	最短绿灯时间 g_{min}
			Q_{15}	$4\times Q_{15}$	PHF													
				Q														
		8.4.3	8.3.2					8.5.4			8.5.2	8.5.1	8.6.1	8.6.2	8.6.3	8.6.4	8.7.1
西	左					1	西→东↓											
	直左					2			0.161									
	直					1								12	0.20	12	
	直右										0.666	9	60	51				
	右					1												
东	左					2	西↑→东↓		0.242									
	直左													19	0.317	19	18
	直					1												
	直右																	
	右																	

续表 13

进口道	车道	设计交通量 q_d			每周期转弯车数	车道渠化方案	信号相位方案	设计饱和流量 S_d	流量比 y q_d/S_d	最大流量比	流量比总和 Y	总损失时间 L	周期时长 C	总有效绿灯时间 G_e	有效绿灯时长 g_e	绿信比 λ	显示绿灯时间 g	最短绿灯时间 g_{min}
	车道数	Q_{15} Q	Q_{15} PHF	$4\times Q_{15}$														
		8.3.2			8.4.3					8.5.4		8.5.2	8.5.1	8.6.1	8.6.2	8.6.3	8.6.4	8.7.1
北	左					1					0.666	9	60	51	20	0.333	20	18
	直左									0.263								
	直					2												
	直右					1												
	右																	
南	左					1												
	直左																	
	直					1												
	直右					1												
	右																	

表 14 饱和流量校正系数表

交叉口：_____   初始周期时长：_____   计算周期时长：__60 s__

进口道	车道	车道数	车道宽度校正 W f_W	坡度及大车校正 G+HV f_g	直行车道非机动车校正 B β	直行车道非机动车校正 g_e或G_e/j	直行车道非机动车校正 b_L f_b	左转校正 ξ	左转校正 q_T λ或G_e/jC	左转校正 f_L	右转校正 转弯校正 r	右转校正 转弯校正 f_r	右转校正 行人或非机动车干扰校正 f_{pb}	直左校正 q_T	直左校正 q_L	直左校正 K_L	直左校正 f_{TL}	直右校正 q_T	直右校正 q_R	直右校正 K_R	直右校正 f_{TR}	左右校正（三叉路）q_L	左右校正（三叉路）q_R	左右校正（三叉路）K_R	左右校正（三叉路）f_{LR}
			B.2.4-1	B.2.4-2	B.3				B.4			B.5		B.6				B.7				B.9			
西	左	1		1	1																				
西	直左	2		1	0.96																				
西	直	1		1	1								1	0.86											
西	直右	1		1	1														170	86	1.19	0.94				
西	右	1		1	1																					
东	左	1		1	0.96																				
东	直左	2		1	1																				
东	直	1											1	0.85											
东	直右																								
东	右																								

续表 14

进口道	车道数	车道宽度校正 $W f_W$	坡度及大车校正 $\dfrac{G+}{HV} f_g$	直行车道非机动车校正 $B \beta \dfrac{g_e}{\text{或}} b_L f_b$ $\dfrac{G_e}{jC} / j$			左转校正 $q_T \dfrac{\lambda\text{或}}{G_e/} f_L$ jC		右转校正 转弯校正 r f_r		行人或非机动车干扰校正 f_{pb}	直左校正 $q_T q_L K_L f_{TL}$	直右校正 $q_T q_R K_R f_{TR}$			左右校正(三叉路) $q_L q_R K_R f_{LR}$
		B.2.4-1	B.2.4-2	B.3			B.4		B.5			B.6	B.7			B.9
北	左 1	1	1	1					0.51	760	0.33					
	直左 2	1	1	0.98	20	0.25	30	3.33 0.86			0.21					
	直 1	1	1	1												
	直右	1	1	1						1	0.89		174	78	1.01 1.00	
	右 1	1	1	1					0.51	648	0.33 0.27					
南	左 1	1	1	1												
	直左 2	1	1	0.98	27	0.10	20	1.8 0.88								
	直 1	1	1	1												
	直右	1	1	1						1	0.88		180	82	1.04 0.99	
	右	1	1	1												

表 15 饱和流量与通行能力计算表

交叉口：_____ 初始周期时长：_____ 计算周期时长：60 s

进口道	车道	车道数	基本饱和流量 S_b	车道宽度校正 f_W	坡度及大车校正 f_g	非机动车校正 f_b	左转校正 f_L	右转校正 转弯校正 f_r	右转校正 行人或非机动车干扰 f_{pb}	直左校正 f_{TL}	直右校正 f_{TR}	左右校正 f_{LR}	校正饱和流量 S_d $S_b f(F)$	绿信比 λ	通行能力 CAP λS_d	饱和度 x	直左右车道通行能力 B.8	左右合用车道通行能力 B.9
			B.2.2															
西	左	1	1550	1	1								1550	0.20	310	0.54		
	直左	2	1650	1	0.96								1584	0.317	502	0.57		
	直	1	1584	1	1						0.94		1490	0.317	472	0.54		
	直右	1	1550	1	1			1	0.86				1333					
	右	1	1550	1	1								1550	0.20	310	0.81		
东	左	1	1650	1	0.96								1584	0.317	502	0.76		
	直左	2																
	直	1	1550	1	1			1	0.85				1318	1	1318	0.12		
	直右																	
	右																	

续表 15

进口道	车道数		基本饱和流量 S_b	车道宽度校正 f_W	坡度及大车校正 f_g	非机动车校正 f_b	左转校正 f_L	右转校正 转弯校正 f_r	右转校正 行人或非机动车干扰 f_{pb}	直左校正 f_{TL}	直右校正 f_{TR}	左右校正 f_{LR}	校正饱和流量 S_d	绿信比 λ	通行能力 CAP	饱和度 x	直左右车道通行能力	左右合用车道通行能力
			B.2.2										$S_b \cdot f$ (F)		λS_d		B.8	B.9
北	1	左	1 550	1	1		0.21						329	0.333	109	0.57		
	2	直左	1 650	1	0.98	0.86							1 391	0.333	463	0.54		
	1	直	1 391	1									1 387	0.333	462	0.49		
	1	直右	1 550	1	1			1	0.89		1.00		1 380	0.333				
	1	右	1 550	1	1													
南	1	左	1 650	1	1	0.88	0.27						420	0.333	140	0.61		
	2	直左																
	1	直	1 650	1	0.98								1 423	0.333	473	0.61		
	1	直右	1 423	1							0.99		1 403	0.333	467	0.56		
	1	右	1 550	1	1			1	0.88				1 364					

表16 延误及服务水平估算表

交叉口：_____　初始周期时长：_____　计算周期时长：60 s

进口道	车道数	均匀延误					随机附加延误			车道信控延误	进口道延误		交叉口延误		服务水平
		周期时间 C	绿信比 λ	饱和度 x	均匀延误 d_1	通行能力 CAP	控制类型校正 e	随机到达附加延误 d_2	d_i	车道高峰15 min交通流率 q_i	进口道信控延误 d_A	进口道高峰15min交通流率 q_A	交叉口信控延误 d_j	
						D.2.1					D.2.2		D.2.3	9.3.2
西	左 1		0.20	0.54	21.5	310	0.5	0.4	21.9		18.1		17.4	B
	直左													
	直 2		0.317	0.57	17.1	502	0.5	0.3	17.4					
	直右 1		0.317	0.54	16.9	472	0.5	0.3	17.2					
	右													
东	左 1		0.20	0.81	22.9	310	0.5	1.5	24.4		17.7			
	直左													
	直 2		0.317	0.76	18.5	502	0.5	0.7	19.2					
	直右													
	右 1		1	0.12	0	1 318	0.5	0	0					

续表 16

进口道	车道	车道数	周期时间 C	绿信比 λ	饱和度 x	均匀延误 d_1	通行能力 CAP	控制类型校正 e	随机到达附加延误 d_2	车道信控延误 d_i	车道高峰15min交通流率 q_i	进口道信控延误 d_A	进口道高峰15min交通流率 q_A	交叉口信控延误 d_I	服务水平
						均匀延误		随机附加延误			进口道延误		交叉口延误		
						D.2.1					D.2.2		D.2.3		9.3.2
北	左	1	0.333	0.57	16.5	109	0.5	1.3	17.8						
	直左														
	直	2	0.333	0.54	16.3	463	0.5	0.3	16.6		16.5		17.4	B
	直右	1	0.333	0.49	15.9	462	0.5	0.2	16.2					
	右														
南	左	1	0.333	0.61	16.8	140	0.5	1.3	18.1						
	直左														
	直	1	0.333	0.61	16.8	473	0.5	0.4	17.2		17.1			
	直右	1	0.333	0.56	16.4	467	0.5	0.4	16.7					
	右														

9 平面交叉口效益评价

9.2 无信号交叉口服务水平

9.2.2 表9.2.2源自国家标准《城市道路交叉口规划规范》GB 50647—2011。

9.3 信号交叉口服务水平

9.3.1 表9.3.1源自国家标准《城市道路交叉口规划规范》GB 50647—2011。

9.3.2 表9.3.2源自国家标准《城市道路交叉口规划规范》GB 50647—2011。

附录 B 信号交叉口通行能力与饱和流量

　　道路交通通行能力表征道路交通设施能够处理交通的能力。其通用定义是：道路交通设施中，在要考察的地点或断面上，单位时间内能够通过的最多交通单元。是交通规划、交通工程设计与交通管理等交通工程有关各领域中必不可少的一个重要指标。为此，各交通发达国家都专门制订有道路交通通行能力规程（或指南），其中包括道路、高速道路及其入口交织段、各类交叉口等道路交通设施的通行能力估算方法。特别是平面交叉口的通行能力，因其不但随交叉口几何因素而异，还同交叉口的交通管理方式与到达的交通需求有关，相对比较复杂，有的国家还专门制订平面交叉口通行能力规程（或指南）。

　　我国尚未制订类似规程。因此，有必要为本设计标准编写相应的信号交叉口通行能力估算的建议方法。

　　信号交叉口车辆的通行能力，因其影响因素众多，理论上是个相当复杂的问题。不少国家虽已颁布现行规程，但都还存在不少值得探讨的问题，而且所用方法一般都过于繁杂，现在还在不断研究改进中。

　　本标准借鉴各国规程，针对信号交叉口设计的需要，根据在上海典型交叉口上的实测数据，按不同设计阶段对通行能力精度的不同要求，提出以下简化的通行能力估算方法。

附录 C 让行标志交叉口通行能力

让行标志平面交叉口通行能力的估算方法是一个相当繁杂的过程,本标准除说明其估算方法的理论与过程外,为方便交叉口规划阶段使用,还根据估算理论,作了数值运算,把运算的结果直接列成了数值表,以便查用。一般,可视头几个优先级流向交通量的大小,在规划阶段,估算到 2~3 优先级流向的通行能力,即可近似应用。